智庫 中社 国家智库报告 2018（29）
National Think Tank
国际问题研究

中东欧国家华侨华人发展报告（2018）

刘作奎　等著

THE DEVELOPMENT REPORT OF OVERSEAS CHINESE IN CENTRAL AND EASTERN EUROPE COUNTRIES (2018)

中国社会科学出版社

图书在版编目(CIP)数据

中东欧国家华侨华人发展报告．2018／刘作奎等著．—北京：中国社会科学出版社，2018.9
（国家智库报告）
ISBN 978－7－5203－3018－3

Ⅰ.①中…　Ⅱ.①刘…　Ⅲ.①华侨状况—研究报告—欧洲—2018 ②华人—研究报告—欧洲—2018　Ⅳ.①D634.35

中国版本图书馆CIP数据核字（2018）第193315号

出 版 人　赵剑英
项目统筹　王　茵
责任编辑　喻　苗
特约编辑　王　琪
责任校对　赵雪姣
责任印制　李寡寡

出　　版　中国社会科学出版社
社　　址　北京鼓楼西大街甲158号
邮　　编　100720
网　　址　http://www.csspw.cn
发 行 部　010－84083685
门 市 部　010－84029450
经　　销　新华书店及其他书店

印刷装订　北京君升印刷有限公司
版　　次　2018年9月第1版
印　　次　2018年9月第1次印刷

开　　本　787×1092　1/16
印　　张　11.75
插　　页　2
字　　数　120千字
定　　价　56.00元

摘要：本报告共分十个部分。第一至第五部分介绍了中东欧华侨华人的一些基本情况，包括华侨华人移民中东欧的背景、中东欧各次区域（中欧、波罗的海和西巴尔干地区）华侨华人的概况、中东欧国家华侨华人的具体来源和从事的业务、中东欧国家华侨华人的日常生活、中东欧国家华侨华人社团和华文媒体等。

第六部分研究总结了中东欧国家华侨华人的八个主要特点：(1) 基础性和服务性商业活动占据主流；(2) 多元化和精细化的经营活动范围提供了新动能；(3) 欧洲多重危机倒逼深度转型；(4) 积极利用入盟机遇，打通欧洲市场壁垒；(5) 代际社会认同发生深刻变化与调整；(6)“青田现象”效应反哺地方经济社会发展；(7) 家族式营商管理模式；(8) 多渠道联系国内业务，多途径保持“中国身份”。

第七部分分析总结了中东欧国家华侨华人移民面临的主要困难，主要有六点：(1) 营商环境变化，身份由“灰”变“白”；(2) 法律意识淡薄，税务争议不断；(3) 惯于族群聚居，本地融合困难；(4) 民粹主义影响，欧盟歧视待遇；(5) 国家腐败尚存，商业环境堪忧；(6) 参政议政较难，支撑条件不足。

第八部分分析了新时代华侨华人的发展机遇，主要体现在积极推动中国和中东欧国家的双向经贸投资与合作；积极参与"一带一路"建设；积极促进中国和中东欧国家间的民心相通等。第九部分主要是对中东欧几个国家华侨华人的工作、生活等情况的专题调研，这些国家包括匈牙利、塞尔维亚、波兰、黑山、捷克、罗马尼亚等。第十部分总结了做好中东欧华侨华人工作的启示和建议。

关键词：中国—中东欧国家合作；华侨华人；"一带一路"；问题与挑战；启示与建议

Abstract: The report consists of ten parts and each part has a specific theme. The first five parts introduce the basic information of overseas Chinese in Central and Eastern Europe, the general situation of overseas Chinese in various sub-regions of Central and Eastern Europe (Central Europe, Baltic States and Western Balkan region), the origin and business for overseas Chinese in Central and Eastern Europe, the daily lives of overseas Chinese in Central and Eastern Europe, the overseas Chinese communities and Chinese media in Central and Eastern Europe.

Part six summarizes the main characteristics of overseas Chinese in CEEC. (1) the overseas Chinese in Central and Eastern European region are mainly engaged in the basic and service business; (2) they tried to find new development space through taking part in diversified and refined business; (3) The successive crises happened in Europe forced the overseas Chinese to make a deep transformation; (4) the overseas Chinese actively took the opportunity from the EU to broaden their business in the European market; (5) profound changes and adjustments in intergenerational social identity have taken place in overseas Chinese; (6) the effect of "Qingtian phenomenon" feeds local economic and social development; (7) most of the overseas Chinese are accustomed to family business management mode; (8) the overseas Chinese keep the multi-channel contact with domestic business, and maintain the "China identity" in multiple ways.

Part seven analyzes and summarizes the main difficulties faced by overseas Chinese in Central and Eastern European countries. (1) The overseas Chinese encountered the changing business environment and faced how to change the status quo from grey to white; (2) The overseas Chinese are lacked of legal awareness and have frequent tax disputes with the local management bureau; (3) They are habitually concentrated in ethnic groups and have difficulty in local integration; (4) They have to deal with the riseof European Populism and EU's discriminatory policies; (5) State corruption remains in Central and Eastern European region, and the business environment is pessimistic; (6) Their participation in politics of the Central and Eastern European countries is difficult and the overseas Chinese have insufficient support to the political requirement.

Part eight analyzes the development opportunities of overseas Chinese in the new era. It is mainly reflected in promoting economic and trade and investment cooperation between China and Central and Eastern European countries;

participating in the "Belt and Road" initiative; and promoting the communication among the people from China and Central and Eastern Europe.

The ninth part is mainly to conduct special research on the work and life of overseas Chinese in several Central and Eastern European counties, including Hungary, Serbia, Poland, Montenegro, Czech Republic, Romania. The last part provides some suggestions to better deal with the problems and troubles of overseas Chinese affairs in Central and Eastern Europe.

Key Words: China-CEEC Cooperation, Overseas Chinese, The "Belt and Road" Initiative, Problems and Challenges, Implications and Suggestions

目　录

一　华侨华人移民中东欧的背景

华侨华人进入中东欧在不同时期有不同的背景，并且都具有一定的时代特点。

（一）欧洲华侨华人概况

深受农耕文明熏陶的中国人历来安土重迁，但这并不意味着中国人毫无勇闯世界的商业开拓与冒险精神。为了过上更好的生活，为了获得更多的财富，许多华人（尤其以东南沿海省份居多）不惧跋山涉水、远渡重洋，去异国他乡谋生和打拼。

与东南亚、南北美洲并列，欧洲一直是华侨华人移居的主要目的地之一。与中东欧地区相比，西欧是华人早期移民和安家的首选。华人在欧洲定居的历史可以追溯到 19 世纪初期，甚至更早。[①] 早在鸦片战争之前，

---

① 范可：《整合中的欧洲华人》，《读书》2010 年第 9 期。

就有零星数量的中国人或坐船漂洋过海，或经陆路艰难跋涉，到达英、法、德等欧洲国家。18世纪末19世纪初，已有不少中国人在英国、荷兰和德国等欧洲列强的远洋航船上做水手，并留居伦敦等欧洲各地。有欧洲研究者也指出，中国移民涌入欧洲，既有不同历史阶段中国国内政策的影响因素，也与欧洲国家的历史互动有关。与目前中国放宽国内对移民的限制所引发的移民流动相比，历史上的这些移民规模相对较小。[①] 从充当欧洲航船上的水手苦力，到在西欧走街串巷的自由商贩，近代以来多次出现了中国人去欧洲谋生创业的热潮。时至今日，数以百万计的华侨华人业已构成欧洲大地上一个引人注目的外来移民群体。[②]

根据1996年的粗略统计，整个欧洲华侨华人人数已突破百万大关。具体为法国30万、英国25万、荷兰8万、意大利8万、奥地利2万、瑞典2万、比利时2万，再加上西班牙、德国、丹麦、瑞士、卢森堡和东欧诸国，华侨华人已从一支小队伍变为百万大军。[③] 而在

---

① Thierry Mariani，"Chinese Migration to Europe：Challenges and Opportunities"，Reference to Committee of Europe：Doc. 13197，Reference 3968 of 24 June 2013（http：//website-pace. net/documents/10643/1264407/Rapport-Mariani-Migrationschinoises-EN. pdf/eedbb5e1-4932-48ca-bf22-09637e85ff1f）.

② 李明欢：《欧洲华侨华人史》，中国华侨出版社2002年版，第1页。

③ 沈立新：《欧洲华侨华人状况述略》，《华侨华人历史研究》1996年第1期。

21 世纪刚刚过去 10 年之后，上述数据便翻了一番。2010 年，根据国内知名华侨华人问题专家庄国土先生的调查研究，在全世界 4543 万华侨华人中，欧洲华侨华人约为 215 万人，其中新移民约 170 万人。具体分布情况如下：法国和英国各 55 万—60 万人，意大利 26 万人，俄罗斯约 20 万人，西班牙 16 万人，德国 15 万人，荷兰 12 万人，爱尔兰约 7 万人，奥地利 3 万多人，匈牙利约 2 万人，葡萄牙约 1.5 万人，捷克 4000 多人。法国首都大巴黎区是全欧洲最大的华侨华人聚居地，法国华侨华人一半集中于此，其余散居在马赛、里昂、里尔、波尔多等大城市。[①]

按照祖籍分布来看，欧洲华侨华人绝大多数来自浙江、福建等中国东南沿海省份，也有少量来自中国北方省份。与几十年甚至上百年前相比，欧洲华侨华人族群已发生重大变化，不仅仅是数量上的大幅增加。如今的欧洲华侨华人早已不是先前来欧洲谋生做苦工、做小生意和开小饭店的人了。华侨华人生活水平大幅提高，贫穷的中国移民越来越少，而年轻的专业人士和投资移民越来越多，他们在欧洲所在国的经济和社会文化生活中发挥着越来越大的作用。[②]

---

① 庄国土：《华侨华人分布状况和发展趋势》，《侨务工作研究》2010 年第 4 期。

② 沈立新：《欧洲华侨华人状况述略》，《华侨华人历史研究》1996 年第 1 期。

（二）第一次世界大战后至改革开放初期进入欧洲的华侨华人

第一次世界大战期间，英、法两国大量从中国招募劳工，中国人由此得以大批进入欧洲并逐渐发展。此后，又因战乱和地区动荡等，越来越多的华侨华人进入西欧地区。因此，西欧地区也是传统“老侨”比较集中的区域。早期进入欧洲的华侨华人大都以浙江（主要是青田）、福建和广东人为主，并因为经商等原因，逐渐将业务从西欧扩展到东欧。

华侨华人大规模进入欧洲源于第一次世界大战期间，当时英、法大规模招募华工来搞战场后勤工作，当时约有 140 万中国劳工赴英、法，他们大多数来自广东。一些人在战争结束后返回国内，但也有极少一部分人选择留在欧洲。之后，也有一些浙江人、福建人来到欧洲，通过出售工艺品、开中餐馆和杂货铺等在西欧国家居留并生存下来。这些最初到达欧洲的华侨华人成为吸引中国人陆续来到欧洲的重要力量。20 世纪 30 年代，来自广东和浙江的一些商贩通过“家庭团聚”的模式移民欧洲，这些人与原居留在欧洲的华侨华人非亲即故，有的是亲属，有的是邻居，有的是同乡。他们在欧洲抱团取暖、相互支持，逐渐形成富有特色的华人社区或生活圈。由于当时移民到欧洲的华侨华人主要来自浙江、福建和广东等省份，并且移民延续不断，因此在中国形成了著名的欧洲侨乡如青田、福清、潮州、汕头等。20世纪50年代又有大批香港人涌入英国并向荷兰、德国、意大利等欧洲国家扩展。20世纪70年代印度支那三国动乱，沦为难民的华侨华人流落世界各地寻求生存，法国作为印度支那三国的原宗主国接受了约6万华侨华人难民，这些华侨华人难民到达欧洲后极大地改变了华侨华人在欧洲的构成。早期在欧华侨华人为后世移民留下了较多的好传统，以中国传统姻亲关系为纽带，大家高度团结，创业初期虽生活艰难，但都能任劳任怨。

改革开放以来，随着中国国内放宽人口流动的限制，欧洲成为越来越受中国移民欢迎的目的地。中国财富水平的日益增长，为更多中产阶级家庭提供了把孩子送到国外读大学的机会和途径。欧洲成为中国学生出国学习的一个十分受欢迎的选择。许多来欧洲留学的中国学生最终会回到中国，然而，如果在欧洲出现就业机会，仍有一些中国人会继续留下。英国、德国和法国是最受中国留学生移民欢迎的国家。[①] 沐浴着

① Thierry Mariani, "Chinese Migration to Europe: Challenges and Opportunities", Reference to Committee of Europe: Doc. 13197, Reference 3968 of 24 June 2013 (http://website-pace.net/documents/10643/1264407/Rapport-Mariani-Migrationschinoises-EN.pdf/eedbb5e1-4932-48ca-bf22-09637e85ff1f).

改革开放的春风，越来越多的中国人进入欧洲，来此经商、留学和创业。

中国改革开放之后移民到欧洲发展的中国人被称为新移民，“家庭团聚”是移民的主要推动力量之一，来自浙江和广东的华侨华人占其中的大多数，福建人群体也在逐渐壮大，成为移民欧洲的新贵。随着移民的增多，华侨华人经营的欧洲市场逐渐从西欧向北欧、南欧、中东欧地区扩展。

（三）苏东剧变后进入中东欧的华侨华人

20 世纪 80 年代末 90 年代初，苏东地区进入了解体和动荡的时期，社会动荡催生了对基本生活物资的需求，这为华侨华人在这里发展提供了契机。这一时期进入中东欧的华人基本都是 20 世纪 80 年代末 90 年代初到达欧洲的。彼时促使中国人走出国门走向欧洲的，大体来说有两个背景：一个是匈牙利于 1990 年到 1992 年对中国护照免签而带来的中国移民潮；另一个是中苏/中俄的边境贸易。

中匈两国签署互免签证协议使得匈牙利成为当时唯一对中国人免签的欧洲国家。正因如此，匈牙利一度成为中国新移民的主要目的地。据了解，免签前在匈牙利的中国新移民总数稳定在大约 2 万人。1990 年中匈互免签证协议签订后的最初两年中，进入匈牙利的中国新移民急剧增加，最高峰时曾达到过5万人。这些新移民的构成较为多元，除了浙江人、福建人之外，还有来自东北、北京、上海、河南等多个地区的移民。从1992年开始，匈牙利取消了免签证，并开始驱逐非法居留的在匈中国人，导致在匈中国移民减少。

20世纪90年代，中国国有企业开始进行结构调整和市场化改革，大批的国有企业关停并转，许多工人下岗自谋职业，其中以属于老工业基地的东北三省下岗职工为最多。下岗职工纷纷寻找出路，随着中俄边贸的发展，东北人还是发现了机遇。他们跨过黑龙江和乌苏里江与河对岸的俄罗斯人做起了生意。由于当时俄罗斯物资缺乏，因此生意做得异常顺利。俄罗斯西伯利亚大铁路把俄罗斯东部的海参崴（符拉迪沃斯托克）与莫斯科甚至是更西边的圣彼得堡连接在了一起，中国人借助西伯利亚大铁路一路西行畅通无阻，沿途的“列车贸易”开始蓬勃发展，为俄罗斯西伯利亚大铁路沿线城市带去了廉价的轻工业产品。很多人也留在了当地开店经营，一些人则继续西行，到达了虽然从苏联独立出去但边境还管控不太严的波罗的海三国——爱沙尼亚、拉脱维亚、立陶宛。他们在那里开中餐馆、服装杂货店，有的甚至在当地结婚生子。

纵观上百年来华侨华人在欧洲艰苦奋斗的历史，

可知这是一部华侨华人在异国他乡勇于拼搏、善于抓住机遇改变命运、通过辛勤劳动积累和创造财富并造福一方的可歌可泣的历史。欧洲华侨华人的奋斗经历和创业精神，与实现中华民族伟大复兴之梦十分契合，也大大激励了国内人民群众创新创业的热情。包括欧洲在内的所有海外华侨华人都是中国不断向前发展的强大动力和宝贵财富，充分发挥华侨华人在所在国的优势资源，认真研究和切实解决他们面临的困难，沟通和利用好国内、国外两种资源，将有助于中国改革开放新征程的再次扬帆起航。随着“一带一路”倡议的提出和实践，以及中国—中东欧国家“16+1合作”的不断深入，中国人远赴欧洲经商、创业、留学和移民再次掀起一个新的高潮，尤其是进入中东欧地区的速度也有了一定的提升。

二　中东欧各次区域华侨华人概况

（一）波罗的海三国的华侨华人

波罗的海三国华侨华人一开始以中国北方地区（尤其是东北三省）的人为主，这种情况又以立陶宛和爱沙尼亚为最。目前在立陶宛的华人有400多人，其中200人长期居留，其他人则属于留学生或者餐馆务工人员。最大的华人社区位于首都维尔纽斯，但在其他较大城市也有数量不等的华人群体。[①] 爱沙尼亚大约有100人的合法居留华人。拉脱维亚情况有一些特殊，与它的南北邻居不同，一开始拉脱维亚就对入境

① Kevin Latham, Bin Wu, "Chinese Immigration into the EU: New Trends, Dynamics and Implications", Europe China Research and Advice Network, 2013 (https://eeas.europa.eu/archives/docs/china/docs/division_ecran/ecran_chinese_immigration_into_the_eu_kevin_latham_and_bin_wu_en.pdf).

人员进行较系统的管控，因此在20世纪90年代独立初期，到达这里的华人不多。最近几年，拉脱维亚推出了投资移民政策，促使一部分中产阶级华人以投资移民的方式进入。不过，这群人基本上属于候鸟型的，只有在办理延长居留期间才会回到这里，其他时间则在欧洲发达地区或国内活动。他们大约有1000人，常住的只有300—400人。

（二）维谢格拉德集团国家的华侨华人

维谢格拉德集团四国，即波兰、匈牙利、捷克、斯洛伐克华侨华人的情况则与波罗的海三国不同。

匈牙利中国移民的人数，在20世纪90年代前半期发生过较大的变化。1990年，中匈签署了互免签证协议，大量中国移民涌入匈牙利，最高峰时曾达到过5万人。然而到了1992年末，匈牙利政府取消了免签证优惠，开始严查中国人护照，如果不是合法居留就会被强行收容，然后集中遣送回中国。鉴于这种情况，很多已经来到匈牙利又不甘于铩羽而归的华人开始想别的出路。当时，罗马尼亚驻匈牙利大使馆开放赴罗马尼亚签证，只要随护照交15美元就可以得到一个30天的罗马尼亚签证，捷克斯洛伐克也可以以35—50美元的价格代办签证。这样就有大批的滞留于布达佩斯的华人因此分流到了罗马尼亚和捷克斯洛伐克。

据不完全统计，此次分流了2万多华人前往匈牙利南北两个邻国。通过这次分流使20世纪90年代初出国前往中东欧地区的华人基本沿匈牙利、罗马尼亚、捷克斯洛伐克一线布局。后来，罗马尼亚布加勒斯特的“红龙市场”、匈牙利布达佩斯的“四虎市场”、捷克布拉格的“四区市场”、斯洛伐克布拉迪斯拉发的“三八市场”成为当时华人聚集的地方，逐渐形成规模并向外扩散自己的影响力。目前，匈牙利的华侨华人稳定在30000—35000人。在匈华侨华人基本从事商业活动，“四虎市场”“欧洲广场”“中国商城”“亚洲中心”等地都是从事贸易批发生意的中国商人聚集的地方。中国人还在匈牙利全境开设了不少零售店，其中又以福建人为主。

波兰一直坚持严格的签证与居留许可政策，所以20世纪90年代初在波兰的华侨华人很少，绝大多数都是公派到波兰的国有企业工作人员以及留学生，大约有300人。20世纪90年代的波兰华侨华人有两个显著特点：第一是文化素质较高，普遍拥有大学以上学历，大多精通波兰语、俄语或英语，且拥有专业技能，这在欧洲当时的中国新移民大潮中相对罕见；第二是波兰华侨华人通过中国商品贸易起家，但并没有在波兰建立大规模的商品批发市场，而是分散进军其他行业。

后来随着波兰的政策进一步靠近西方，以及随后加入欧盟，在签证与居留方面也进一步放开，从而使波罗的海三国、其他苏联原加盟共和国、匈牙利、捷克斯洛伐克的华侨华人，慢慢迁居于此寻找新的商业机会。位于波兰华沙郊区的“GD 波兰华沙中国商城”就是在 20 世纪 90 年代末以及 21 世纪初逐步建立起来的，现在已经是全欧洲最大的中国商品城。目前在波兰的华侨华人大概有 2000 人。

（三）东南欧的华侨华人

华侨华人大批进入东南欧始于 20 世纪 90 年代初南斯拉夫解体之际。当时，中国的生产力水平快速提高，中国的廉价商品的价格优势开始显现。南斯拉夫分裂以后，较为富裕和安定的斯洛文尼亚以及塞尔维亚的首都贝尔格莱德成为华侨华人的首选。他们大多从邻近国家奥地利、匈牙利等国过去。克罗地亚、波黑、马其顿、黑山，甚至科索沃地区也有华侨华人进入寻找商机。这些国家的华侨华人目前从几十人到几百人不等，主要从事的是贸易和餐饮。由于国家分裂和连年战乱，这些国家和地区满目疮痍，亟待重建，因此这些地方虽然残破、秩序相对混乱，但是商机巨大。

南斯拉夫解体后，各个共和国爆发战争，再加上西方国家制裁，南斯拉夫特别是塞尔维亚共和国出现了严重的商品短缺。1995 年前后，第一批华商来到当时的塞尔维亚共和国（仍属于南联盟）开始从事商贸活动，大约有 300 人。1999 年，北约对南联盟进行轰炸，米洛舍维奇政府下台，战争进入尾声。一大批来自浙江的华侨华人来到塞尔维亚，将大量来自中国的商品运到塞尔维亚进行销售。当时，旅塞华侨华人已经达到了 2000 人。从 2000—2008 年，来塞尔维亚从事商务活动的华侨华人快速增长。到 2008 年，旅塞华侨华人已经达到了 15000 人。由于经济原因和塞尔维亚加强对华侨华人的审查，2013—2017 年，旅塞华商人数大量减少，到 2017 年年底，华侨华人在塞尔维亚从事商务活动的已经降到了 5000 人左右。

黑山华侨华人可大致分为早期移居和近年移居两类。早期移居黑山的华侨绝大部分于 20 世纪 90 年代即南联盟时期抵黑，大多来自浙江青田、福建一带，且常常是同家族、同乡链式移居。南联盟解体后，也有部分华侨华人自塞尔维亚来到黑山发展。不少在黑华侨华人的亲属也分布在邻近国家，如塞尔维亚、阿尔巴尼亚、匈牙利等，家族海外发展情况较好。受前南局势变化以及黑山经济、社会、安全形势浮沉等多方面因素影响，早期移居黑山的华侨华人数量也随之增减。近年来人数略有下降，目前稳定在130人左右。绝大部分华侨华人主要从事小商品个体批发、经营，多聚居于首都波德戈里察东南约10千米的图兹市，并开设有小型批发市场。

目前，居住在克罗地亚的华侨华人约为500人，性别分布较为均匀。在克华侨华人的籍贯主要集中在浙江省、广东省、山东省、云南省和安徽省这几个省份。其中又以浙江人为主，尤其是浙江青田人和浙江瑞安人居多。华侨华人集中的籍贯分布，跟他们受亲族关系影响进而来到克罗地亚密不可分。

据不完全统计，长期生活、居住在马其顿的华侨华人共计40余人，包括台湾同胞两人。据笔者调查走访，在马的华侨华人大部分居住在首都斯科普里。另外，在马其顿第二大城市比托拉以及马其顿著名旅游城市奥赫里德也有少量华侨华人定居。早期（20世纪70—90年代）来马其顿定居的华侨华人主要来自于中国的沿海地区，譬如上海、广州以及浙江。21世纪以来，定居马其顿的华侨华人则更多的来自于东北三省、四川等地区。马其顿华侨华人多从事国际贸易和餐饮业。

斯洛文尼亚华侨华人数量近年来有了缓慢增长，从2011年的877人增到2017年的1082人，其中2013年与2017年的人数增长都超过了5%。在斯洛文尼亚的华侨华人中，90%以上的籍贯为浙江丽水（青田）人，少部分来自广东，个别来自其他省份，如江苏、湖南、山西、山东等。华侨的主要出国方式为务工，20世纪90年代初第一批华侨华人以打工的方式慢慢积累资金，待资金足够后，开始经营中餐馆。中餐馆运营成熟后，从国内招聘厨师、跑堂等，一般先从家族内部招聘，其次为熟人介绍。鼎盛时期，首都卢布尔雅那的中餐馆就多达三十几家，而近年来一部分中餐馆老板转行从事百货行业，目前在首都卢布尔雅那还有近20家中餐馆，规模大小不一。

保加利亚和阿尔巴尼亚也是这样，大多是在20世纪90年代中后期从周边国家转移过去的华侨华人。其中在保加利亚的华侨华人目前有2000人左右，多从事国际贸易、中餐厅经营等工作，主要来自浙江青田、北京、福建以及东北三省。阿尔巴尼亚长期居住的华侨华人约100人，因流动性大数量不固定，他们大都居住在首都地拉那，主要来自浙江青田和安徽。

波黑华侨华人大约有250人，这些人主要来自浙江青田、广东、山东、吉林等地，主要从事批发零售、投资生产。他们主要居住在萨拉热窝、巴尼亚卢卡、布尔奇科特、莫斯塔尔等地。

目前，罗马尼亚合法居留华侨华人大约有8000人，真正长期居住在这里的约有6000人。

三　中东欧国家华侨华人的来源和从事的业务

中东欧16国的华人，虽说来自于祖国的各个省份，也就是俗话说的“天南地北”，但不同国家华人的籍贯分布还是各有侧重。位于北边的波罗的海三国以来自东北三省的华侨华人为主；匈牙利从20世纪90年代初到现在经历了以北方人为主的初期、以浙江青田人为主的创业期，以及现在以福建人为主的稳定期；拉脱维亚是属于因为开放投资移民而吸引中国人进入的国家，因此这里的华侨华人来自祖国的各个地方；罗马尼亚则是河南、浙江、福建三省籍的华侨华人“三分天下”；其他国家的华侨华人则以浙江青田人为主。

华侨华人出国的方式有很多种，来自于中国北方的华侨华人多以经商、留学为初始目的，而浙江、福建的华侨华人初期多以多种方式出国。到了20世纪90

年代的中后期，由于第一批浙闽籍华侨华人的身份已经转为合法，有了固定营生和一定积蓄，于是他们开始将在家乡的亲戚朋友带出来，形成了中国传统的“亲戚套亲戚”的联系结构。

在中东欧的华侨华人一开始基本上都是进行贸易活动或者从事餐饮行业。由于东欧剧变之后原社会主义国家的政治结构和经济体系完全崩塌，而新的体制尚在摸索中磨合，从而造成了市场物资匮乏，轻工业用品以及日用产品的短缺，让最先到达的华侨华人有了一个占先的商机，很多人都是在那个时候赚到了人生的第一桶金，为将来的发展打下了坚实的基础。随着中东欧地区欧洲一体化的推进，很多取得中东欧国家永久居留和国籍的华侨华人，得以合法地进入西欧去打工、经商、创业。从事纺织品、箱包、鞋类的批发商，也不必舍近求远到中国去进货，西欧的华商到中东欧来采购相对廉价的生活用品，中东欧的华商则可以到意大利的米兰、罗马、佛罗伦萨或法国的巴黎去购买花色品种丰富、更接近于当地人审美观念的商品货物，交通和周转快捷，信息反馈便利。不少人从中获利。

中餐、中医、中国纺织品，是中国人进军世界的三件宝器，在中东欧也不例外。在对外贸易开展之前，就已经有一些中餐馆在中东欧各国首都经营，后来逐渐扩展到周边城市，餐馆基本上以中低档和快餐为主。进入 21 世纪以后，随着餐厅经营者有了一定的资金积累，也逐步将餐厅进行装修，聘用专业厨师，使一些餐厅逐渐走向了正规化和高端化。

由于欧洲法律法规的限制，中国的中医中药很难进入欧洲市场。中医理疗中的按摩推拿，可以与中国武术相伴进入当地，针灸则很难。因为针灸需要刺破皮肤，属于治疗，而不属于保健。中药就更难了，除了几个单方以外，复方的审核很困难。但近些年来，中医在中东欧的匈牙利、捷克等落地速度加快。

另外，旅游、会计、律师、保险、家政等行业也有华人开始涉猎其中，部分华人还涉足农业种植业、建筑业等。在这些行业中，很多华侨华人经营的业务也都与国内市场和当地华人圈息息相关。

四　中东欧国家华侨华人的日常生活

（一）入籍中东欧

从20世纪90年代初开始，中国人乘着改革开放的大潮涌入中东欧地区，一路披荆斩棘、筚路蓝缕地走来，经过近30年的不断深耕，渐渐有了一个稳定的生活环境，落地生根，开枝散叶。

华侨和华人有着本质的区别。顾名思义，华侨就是拥有本地长期居留身份并拥有中华人民共和国护照的中国人；华人则是已经取得住在国国籍的中国人。华侨要融入当地主流社会，首先必须加入所在国国籍。第一代老华侨经过艰苦努力，主动地加入所在国国籍。有些旅欧老华侨由于自身文化低，不会讲所在国语言，加入外国籍困难，就通过与外国女子结婚等方式，在女方帮助下加入了外国籍。[①] 因此，取得国籍有很多途

---

① 章志诚：《新世纪初欧洲华侨华人面临的新问题及其对策》，《八桂侨刊》2008年第1期。

径：一种是配偶是住在国的公民，通过婚姻关系取得对方国籍；另外一种是根据住在国的法律，已经住够了年限，并且符合相关的法律法规，为了工作、生活方便而转换国籍；还有一种属于极少数，那就是特殊人才，比如为住在国取得良好成绩的运动员。

很多入籍的华人其实很无奈，当时的中东欧国家对于外籍人员的政策经常调整，比如罗马尼亚每半年就要重新登记一次，塞尔维亚是每三个月一次。同时对于申请延期居留的各种条件日益苛刻，从一开始只需要公司营业执照和住房证明，到后来是根据当地居民生活标准的倍数（有可能是两倍，有可能是三倍）来核算个人存款，并以此倒推最基本的个人所得税和公司所得税，同时还要提交个人无犯罪证明、公司无欠税证明、海关无欠税证明和个人居住证明等，如果有孩子，则按照50%来计算，如果有老人则按照一个劳动力100%计算，这样下来一个三口之家每年要缴纳的各种税费超过10000欧元。与此同时，即便凑齐了这些材料也并不一定能够顺利办好延期手续，办理通常需要一个月左右，而上缴的一些手续的有效期可能会过期，一旦过期就要重新办理。众所周知，中东欧一些国家行政部门办事效率低，同时收受贿赂等腐败现象十分严重，从而给华侨华人在正常经营及日常生活中造成一定影响。

加入当地国籍是解决这一系列问题的捷径。入籍之后，所有不合理的税费将不复存在。唯一的挂碍与不舍就是丧失了中国国籍，回国需要与外国人一样办理签证。好在现在随着祖国相关政策的放开，侨办等涉侨单位处理华侨华人事务秉着开放与友好的态度，不论是否拥有中国国籍都一视同仁地对待，使广大华侨华人感受到亲切与温暖。

（二）中东欧国家华侨华人的日常生活

在生活方面，绝大多数的华侨华人还是沿袭着中国的传统，这与他们的文化素养和从事的工作有很大的关系。在中东欧地区的华人大部分文化程度不高，很多人甚至初中都没有毕业，不要说英文，有的连普通话说得都不是很流利。不过令人敬佩的是，这些同胞敢闯敢干，完全凭借个人摸索和努力，在住在国渐渐立足。尽管如此，他们还是有很多语言、文化、习俗上的局限，与中国人之间的交流远比与居住地的邻居们更顺畅也更频繁。因此除了生意方面的需要，或者为了延期居留的交涉，以及必不可少的生活中的互动，他们几乎很少与本地人交流。这是一个普遍现象。

过自己的节日，找自己的同胞乡亲谈婚论嫁。到了年节或者放假回国是第一要务，很多人甚至不知道自己居住城市周边的情况，他们也没有兴趣知道。总之，华侨华人绝大多数都生活在自己的圈子中，这就形成了一种特殊的状态，本地人过圣诞节、元旦、复活节等重要的节日，中国人闲坐在家无事可做，或者邀三五亲朋好友聚餐、喝酒、打牌；到了中国的传统节日春节、元宵、清明、端午、中秋等节日，很多人都会照常工作，只是在晚上下班以后有一个聚会，聊寄思乡之情。在国内看“春晚”可能越来越少了，但是在中东欧看央视“春晚”却是一件重要的事情，因为这是与祖国家人完全同步的时刻。当然，还有一部分人会在春节期间无论如何也要放下工作，拖家带口地回老家过年。在此期间，往返于欧洲和中国的飞机也会爆满，这就是华侨华人所说的“洋春运”。

也有一小部分华侨华人与欧洲人结婚，这些人的文化水平和素养相对高一些，基本来自北上广等大城市。虽然有些婚姻不完全出于爱情，但是这种跨国婚姻对于融入当地社会有很大的裨益。这些人在传播中华文化方面也更能发挥使者与桥梁的作用。

上述现象在“侨二代”群体中有所改善，这些人出生在国外，成长也在国外，尤其是在国外的学校上学，周围的同学和老师都是本地人，因此他们从幼儿园起就与本地人生活、学习在一起。由于很多侨二代的父母工作忙，有一些孩子长期生活在本地邻居或者保姆家中，他们的第一母语甚至不是中文而是本地语言。随着年龄的增大，他们才渐渐开始学习中国话，很多人往往随父母学习的是老家的方言，普通话可能一直都不会说，成了典型的“香蕉人”。侨二代长大以后的就业与婚恋都与父母这一辈有了明显的不同，他们能够更好地融入当地的主流社会，生活与行为方式也有了很大的改变。尤其是第二代、第三代华侨文化素质的提高，不仅改变了华侨华人的社会地位，而且也促进了华侨华人经济的发展。[①]

总之，华侨华人不论到了哪里都有一个固定的圈子，就如伦敦的唐人街、巴黎的十三区一样，中东欧地区华侨华人较多的国家或者城市也有类似的地方，如波兰华沙郊区的 GD 中国商城、匈牙利布达佩斯的“四虎市场”以及周边衍生出来的“唐人街”社区、罗马尼亚布加勒斯特的“红龙市场”、捷克布拉格的“四区市场”。渗入中国人骨髓的乡情，让中国人不论到哪里都能凝聚在一起，但是它也让华侨华人顽固地不融于周边社会，阻碍中国人与住在国居民的进一步融合与发展。它既是润滑剂也是阻凝剂。

阻隔华侨华人与住在国社会发展的已经不是语言问题，而是文化素养和教育上的差异。这种差异正随

---

① 章志诚：《新世纪初欧洲华侨华人面临的新问题及其对策》，《八桂侨刊》2008 年第 1 期。

着“侨二代”“侨三代”的成长而慢慢淡化，但随之而来的问题是如何让“侨二代”“侨三代”对中华文化有认同感和归属感。

匈牙利的华侨华人数量在中东欧国家中最多，他们的生活也具有代表性。这里的华侨华人几乎不参与当地的政治生活，精神放松，思想自由，幸福指数较高。工作上每天朝九晚五（当然，他们通常会勤奋地更早些去工作），工作之余的时间宽松，可以充分按自己的意愿安排生活。大部分华侨华人的休息时间会选择体育运动、健身、夜校学习、文艺排演、聚餐聚会等。

匈牙利华侨华人普遍都经营着自己的公司，有比较可靠稳定的收入来源，可以轻松维护家庭的消费支出。在匈牙利华人新移民到来的2014年之前，90%以上的人口、家庭从事商贸、物业地产、事务所、餐饮、旅游、文化交流等行业，华侨华人群体中个个是老板。他们的收入（包括工资以外的各种投资收益、奖励、分红）和消费在匈牙利至少可以保持在中产阶级的生活水平，即人均500—800欧元。华侨华人家庭消费结构的顺序依次为：饮食、服装、交通、度假休闲、社交、文化教育、娱乐、生活日用品、水电煤气、医疗保健等。但文化结构的差异对家庭消费结构的影响也较大。如有些家庭的文化教育、度假休闲占整个家庭支出的一半以上，而有些家庭则在奢侈品、饮食娱乐消费方面支出更大。

匈牙利华侨华人的家庭关系也基本稳定。因为生活、工作所处环境单一，婚姻受外界不良因素干扰小，离婚率低。早期华侨华人与匈牙利联姻占有较小的比例，“华二代”中匈联姻比例渐增。因为文化和习惯的差异，老华侨华人与匈牙利人组建家庭的婚姻，很多经不住考验。中匈间年轻人的联姻文化差异小，婚姻相对稳定得多。

匈牙利华侨华人对融入主流社会的意识积极，但行动滞后，有些行为甚至南辕北辙，其结果自然是融入的效果不甚理想。加入外国国籍，并不标志着已融入当地主流社会，只不过是向当地主流社会走近的第一步。西方国家对华侨华人融入主流社会的要求很高。以西方公民基本准则来衡量旅欧华侨华人，显然，他们距离融入当地主流社会还很远。① 据调查，30%的华侨华人可以比较充分地融入匈牙利社会各个环节当中，70%的华侨华人社交圈仍集中在本族群。融入的群体结构主要是大、中学生和那些接受过匈牙利教育、匈语较好、文化水平比较高、善于交流以及长期与匈牙利员工一起工作的华侨华人。但后者比例不足10%。

① 章志诚：《新世纪初欧洲华侨华人面临的新问题及其对策》，《八桂侨刊》2008年第1期。

故融入当地社会与否，接受所在国文化教育是关键。已加入所在国国籍的第二代、第三代华侨华人，都在努力学习所在国的法律知识与公民基本准则，不断增强所在国的公民意识，力争融入当地主流社会。①

匈牙利华侨华人对教育普遍重视，但由于知识文化水平平均偏低，投入的精力、财力也往往失衡。很大一部分人重视的方式是以财力投入多少为指标，或者家长对子女在学校、专业、未来去向的选择上道听途说、盲目做主，而不是在子女的成长期多花时间和精力去了解、引导和言传身教。他们肯花大本钱为子女选择好的学校就读，不过很多家长带有攀比心地把孩子送到美国、英国的私立学校，中学毕业后又不惜血本送他们去英、美上大学。从中学到大学前后投入三四十万美元。大学毕业回来后发现这些子弟不接地气，普遍存在不掌握匈牙利语（大部分人甚至就出生在匈牙利）、不十分了解当地文化生活的短板。还有些人因为学校、专业选择的盲目导致所学未达所愿。这给他们的“返乡”生活、工作带来相当大的负面影响。这种舍小求大、舍近求远、急功近利、砸钱开路的盲目现象至今依然严重。中国封建家长似的强权教育思想根深蒂固，导致他们对教育方向的迷失，才是

① 章志诚：《新世纪初欧洲华侨华人面临的新问题及其对策》，《八桂侨刊》2008 年第 1 期。

华侨华人融入主流社会的最大障碍之一。

相反，一些华人家庭对子女教育不随波逐流，而是因势利导、因材施教、因地因时制宜、量力而行，为子女参谋选择适合他们学习和发展的学校、专业和项目内容。像2018年2月获得平昌冬奥会短道速滑接力冠军的华裔兄弟刘少林、刘少昂，父亲对他们的成绩给予的解释是：他发现儿子们不愿在学功课上下功夫，也没兴趣在父亲所专长的美术专业上有所发挥，那就选择一项运动让他们去强身健体吧！于是就有了现在的结果。当然，能有今天这样的成绩离不开兄弟俩在知名教练指导下的长期刻苦训练，父母一如既往地关注、支持和用心陪伴。也有一些在匈牙利本土中学、大学接受教育的华人子弟，大学毕业后，又很快积极投入当地的企业、学校或政府机构的主流社会中。据了解，有的华人青年自主创业，开发了网络科技服务项目，并得到匈牙利国家银行风险投资的有力支持，成为学有所长、学有所用的例证。他们是华侨华人充分融入匈牙利主流社会的最好诠释。

五　中东欧国家华侨华人社团和华文媒体

中东欧地区的华侨华人社团名目繁多，以综合性的友好协会、联合会及地方性的同乡会、商会为主。在所在国建立与中国的友协往往是一个传统，他们与中国的对外友协或多或少地都有着联系；华侨华人联合会、和平统一促进会逐渐也成了标配。此外，青田同乡会几乎也是各国必有的。剩下的各种种类繁多的会，还有华商会、联谊会、文化交流协会，即所谓全国性的协会；也有诸如浙江商会、福建商会、北京人联谊会、中州社团等地区性的协会；最多的则是青田同乡会、温州同乡会、文成同乡会、福清同乡会等同乡会。这些同乡会基本上属于叠床架屋，很多人会在不同的协会里面任不同的职务。甚至有些协会就是本家族、本宗族，或是夫妻、父子办的协会。目的是在众多头衔之下能够更体面、更好地与国内沟通，当然也在一定程度上满足了华侨华人在外辛苦闯荡多年后衣锦还乡的愿望。

社团的性质不同、人员结构不同，建立的目的、任务的差别，让其在工作过程中各有侧重。因时代的变迁，老社团和新社团的形态和种类也都在发生着变化。如早期的匈牙利华人联合总会、华侨华人社团联合总会属于综合类联合社团，成员面对所有华人社群，内部机构设置全面，覆盖面广。在匈牙利华人早期创业时，有相当的号召力。在维护华侨华人利益、保持与各方面的沟通、化解困难、处理危机方面做出过很多努力，取得过良好效果。

表1　中东欧的华侨华人社团情况

国别	主要社团
波兰	波兰华侨华人联合会、华人联合会、华人青年联合会、青田同乡会、华人慈善基金会、波中商务联合会、波中经济文化协会等
匈牙利	匈牙利华人联合总会、华侨华人社团联合总会、温州商会、明溪商会、福清同乡会、青田同乡会、瑞安同乡会等
捷克	捷克华商联合会、捷克中国和平统一促进会、旅捷华侨华人联谊会、捷克中国学生学者联谊会、捷克青田同乡会、捷克中国温州商会、旅捷华侨华人妇女联合会等
斯洛伐克	斯洛伐克华侨华人社团联合会、斯中友好协会、斯洛伐克华侨华人商会、斯洛伐克华人青年联合商会等
斯洛文尼亚	斯洛文尼亚华商会、中国斯洛文尼亚经贸促进会、斯洛文尼亚中国商会、斯洛文尼亚青田同乡会等

续表

国别	主要社团
罗马尼亚	罗马尼亚华商总会、罗马尼亚中国和平统一促进会、罗马尼亚旅罗中商联合会、罗马尼亚青田同乡会、浙江瑞安同乡会、罗中经济贸易促进会、江苏华侨华人联合会等
保加利亚	保加利亚中国商会、保加利亚中国青年联谊会、保加利亚中国妇女会、保加利亚中国和平统一促进会、保加利亚青田同乡会、保加利亚中华联合会等
拉脱维亚	拉脱维亚华侨华人联合会等
立陶宛	立陶宛华侨华人联合会等
塞尔维亚	塞尔维亚华侨华人商业总会、塞尔维亚华人商业联合会、中塞人文交流协会、塞尔维亚中国和平统一促进会等
黑 山	黑山华商协会等
波 黑	波黑中国商会、波黑华侨华人统一促进会等
克罗地亚	克罗地亚华人协会、克罗地亚中国文化交流中心等
阿尔巴尼亚	阿尔巴尼亚华人联合会等

语言的障碍以及社会制度、文化背景、生活习惯的差异，使早期的华侨华人社区相对较为封闭。与所在国的主流社会交流较少，融入就更加困难，这往往是华侨华人和其他外来族群被忽视的主要原因。而华文传媒既能传递所在国主流社会的各种信息，也能表达自己的诉求和心声，呼吁主流社会给予法律以及各方面的支持和援助。另外，他们能联合华人社团乃至配合我国大使馆或政府派驻机构，对维护华人社会秩序、应对突发事件和紧急事态有着举足轻重的作用。在关键的时刻，华文传媒往往能发挥其快速、准确、

大范围搜集传播信息的特点，不仅可以及时报道事态进展，还能筹谋各种应对方案，对增强华人社区凝聚力、化解危机起到重要作用。

毋庸讳言，在中东欧办报纸非常困难。除全面覆盖中东欧地区的《欧洲时报》（中东欧版）和匈牙利境内的《新导报》比较有影响以外，其他地方的报纸刊物，大都靠着某一个人或者某一个企业的资助勉强支撑，更多的则是昙花一现。创办刊物主要的困难在于资金缺乏，阅读的受众少，没有固定的专业采编团队。不过，在创办华文媒体开展宣传方面仍然不断有人进行尝试。

在中东欧地区，匈牙利的华文媒体相对发达。匈牙利先后出版过的华文报纸有《欧洲之声》《欧洲导报》《市场报》《布达佩斯周报》《中华时报》《每日观察》《新导报》《欧亚新闻报》《联合报》《欧洲论坛》《万事达报》以及杂志有《万事达》和《世界华人名人录》。高峰时期，个别报纸的发行量一度达到1万份，发行国家遍及波兰、捷克、斯洛伐克、立陶宛、保加利亚等多个中东欧国家，影响力可见一斑。

随着互联网时代的发展，作为传统媒体最具代表性的报纸如今已失去原有的光环，甚至呈“断崖式”跌落。网络媒体这一新媒体形式对它们既是挑战也是新的机遇。匈牙利仅存的两份华文报纸《新导报》

《欧亚新闻报》，在不到4万人的常驻华人居民中，坚守着它们不低于2000份的发行量。创办者们用有限的资金，甚至靠其他方面收入的补贴来维持报纸的制作和发行。他们在执着地捍卫传统纸媒的同时，也第一时间引入了网络电子版报纸、微信公众号等网络新媒体作为传统媒体的补充。这不仅有效地保持了与国内媒体的合作，也更大地拓展了自己生存与发展的空间。

新媒体也为一些热衷和擅长网络电子的新媒体人提供了快捷、高效的平台。《华人头条》（匈牙利站）即是近年来异军突起的新媒体典型。人员少、投入小、发展快、覆盖面广是它的特点。其关注点和受众都集中在海外华侨华人群体，被国内各大电台、电视台、网站、媒体引用率高，在匈牙利华侨华人社会中已成为一支颇具影响力的媒体新力量。

六　中东欧国家华侨华人移民的主要特点

总的来看，中东欧 16 国是传统的移民输出国而非输入国，因此该地区中国移民的数量相对有限，比起西欧等国数量较少。大多数华侨华人是在 20 世纪 90 年代之后才通过各种方式来到中东欧的，因此该区域被称为“新侨区”，以区别于西欧等华侨华人到达较早的“旧侨区”。中东欧的华侨华人也具有鲜明的“新侨”特点和区域特点，中东欧 16 国华侨华人具体情况见表 2。

表 2　　中东欧 16 国华侨华人的具体情况

国别	人数	主要从事职业	来源地	分布区域
波兰	2000 人左右	商品批发、餐饮和旅游等服务业、建筑业、农业、工业、食品零售业、科研、健康行业	浙江、福建、广东	华沙、罗兹、波兹南、克拉科夫

续表

国 别	人数	主要从事职业	来 源 地	分布区域
匈牙利	35000 人左右	商品批发、餐饮和旅游等服务业、房地产开发、会计师事务所、物流、仓储、电商、中医药	浙江、福建、东北三省、河南、北京、上海、天津、山东、山西、河北、陕西、四川、重庆、湖北、广东、云南等	布达佩斯、德布勒森、赛格德、佩齐、久尔等
捷 克	6000 人左右	国际贸易、餐饮业和旅游业	浙江、北京、上海、天津、福建、河北等	布拉格、中捷克州
斯洛伐克	3000 人左右	国际贸易、餐饮业	浙江青田、北京、山东	布拉迪斯拉发、科希策
斯洛文尼亚	1000 人左右	餐饮业、旅游业、国际贸易	浙江青田、广东、江苏、湖南、山西、山东	卢布尔雅那、马里博尔
爱沙尼亚	200 人左右	经商、餐饮业、旅游业	浙江、福建、广东、东北三省等	塔林、塔尔图
拉脱维亚	300—400 常住人口、1400 户移民家庭	经商、餐饮业、旅游业	北京、上海、浙江、福建、广东、东北三省等	里加
立陶宛	500 人左右	经商、餐饮业、旅游业	浙江、福建、广东、东北三省等	维尔纽斯
罗马尼亚	7600 人左右	国际贸易、餐饮业、种植业	浙江、福建、河南、山东、吉林和江苏等	布加勒斯特、克卢日、锡比乌
保加利亚	2000 人左右	国际贸易、餐饮业、商品零售业	浙江青田、北京、福建、东北三省	索菲亚

续表

国 别	人数	主要从事职业	来 源 地	分布区域
塞尔维亚	5000 人左右	贸易、餐饮业、批发零售	浙江青田和丽水等、北京、黑龙江、江苏、上海、四川	贝尔格莱德、伏伊伏丁那、潘切沃等
黑 山	130 人左右	小商品个体批发	浙江青田、福建	波德戈里察、图兹市
波 黑	250 人左右	批发零售业、投资生产	浙江青田、广东、山东、吉林	巴尼亚卢卡、布尔奇科特、萨拉热窝、莫斯塔尔
马其顿	40 人左右	贸易、餐饮业	上海、广州以及浙江	斯科普里、比托拉、奥赫里德
克罗地亚	500 人左右	餐饮业、贸易、旅游业	浙江青田和瑞安、广东、山东、云南和安徽	萨格勒布及其周边
阿尔巴尼亚	100 人左右	餐饮业、贸易	浙江青田及安徽	地拉那

注：数据为作者根据采访等渠道整理所得。

（一）基础性和服务性商业活动占据主流

在中东欧的华侨华人，最初大都与“三把刀”（菜刀、剪刀、理发刀）有关，即他们的经济活动大部分集中于加工制造业、零售业以及餐饮等服务业。这也为华商后来的致富做出了原始积累。民间描绘出了一幅很形象的中东欧华商吃苦耐劳的致富图：从拎着编织袋，到推着三轮车，再到开着小汽车，继而变成开着大货车，最后又带头建设华商市场。它形象地体现了华商充满艰辛和富有智慧的致富路。目前，华侨华人也都经历了一些转型，如从事投资生产活动、知识密集型产业等，但大多数人从事的活动仍是基础性的、服务性的，基本集中在国际贸易、商品批发、餐饮和旅游方面等。

（二）多元化和精细化的经营活动范围提供了新动能

华侨华人除了从事一些基础性和服务性的商业活动外，经营活动开始越来越多元化和精细化。目前主要包括以下几方面。

（1）推广中医药。据初步统计，整个欧洲目前受过培训的中医药人员高达 10 万人，中医药诊疗机构超过 1 万所，中医教学机构也高达 300 所，中药产品进出口批发商约 500 家。在中东欧地区，虽然中医药并不是非常普及，但处在快速发展的通道上，华侨华人也积极参与中医的推广。

（2）承接旅游产业。中东欧华侨华人还利用各种渠道大力发展旅游业，对接来自中国的客户。随着亚洲经济日益繁荣，去欧洲旅游、商务访问的人数也日益增加。在“16 +1 合作”框架的推动下，中东欧地区也兴起了旅游热，中东欧华侨华人经营的旅游公司也随之发展起来。

（3）参与更多服务产业。中东欧的华侨华人还开始涉足金融、保险、房地产、会计、律师等行业，也出现了诸多经济类的社团或组织。这些服务业务有相当一部分是对接国内需求的。

（三）欧洲多重危机倒逼深度转型

2008 年由美国次贷危机引起的金融风暴袭击了全世界，2010 年欧债危机的爆发使得欧洲经济再次受创，欧洲经济严重衰退，中东欧国家也深受其害。在这一浪潮中，中东欧华侨华人的经营也遭到较大冲击，开始进入调整和转型期。经济危机对华侨华人从事的餐饮、旅游等消费性服务业冲击较大，华侨华人的经营遇到不少困难。华侨华人经济发展模式也面临深刻转型的压力，传统的劳动密集型产品越来越缺乏竞争力，生存也越来越困难。从事更具有创新性、前瞻性的战略新兴产业，向产业价值链高端爬升成为转型的主要方向。欧洲难民危机发生后，中东欧地区的民粹主义兴起，排外主义情绪抬头，也对华侨华人的生活和生产造成程度不一的困扰。为维护华侨华人的人身和经济权益，广大侨胞需要表现出更多的政治诉求和抱负，加快融入当地社会，在媒体、社会舆论中展示自身特点和形象。总之，欧洲发生的一系列危机正推动华侨华人进行转型和自我重塑。

华侨华人积极立足当地、转变经营理念、谋求多元化发展这方面的成功案例也很多。一些华商紧跟市场需求，或通过产品升级，自创品牌，或转投实业，成功转型。一些华商利用自身所拥有的市场资源和优势，与国内知名厂商合作，帮助高端的中国产品以更快捷的方式进入住在国终端市场。还有华商抓住电商带来的机遇，跻身住在国物流和快递行业。

（四）积极利用入盟机遇，打通欧洲市场壁垒

尽管部分华侨华人经常在中东欧国家活动，但是德国、奥地利、法国、意大利也是他们活动的主要场所。这些华侨华人往往具有候鸟性质，在经济活动活跃的地区间来回游走，寻找商机。近年来，当中东欧旅游市场热起来时，华侨华人也开始积极挖掘这里的机遇。同时，也能很好地串联起同核心欧洲市场的业务。

随着欧洲一体化进程的推进以及申根区边界的开

放，中东欧 16 国中大部分都成了申根国，未加入申根区的欧盟成员国的公民也可以免签进入其他欧盟国家。同时持有申根多次往返签证或者拥有申根国居留身份的外国人也可以免签进入中东欧所有的国家和地区，这使人员流动、物资流动、旅游观光更为便利，极大地推动了中东欧旅游业的发展。由于中东欧旅游业的蓬勃发展，以及越来越多的国人走出国门，2010 年以后大批的华侨华人涌入这个行业，与之相关的餐饮业也得到了进一步的繁荣发展，旅店和交通运输行业也开始有人涉足。中东欧地区尤其是以布拉格、布达佩斯为代表的一些城市一夜之间成为热门的旅游城市。随着中国游客的大量涌入，中文导游的需求量不断增大，原本只能够局限在某一个国家内做导游的华人，如同冲破了牢笼的鸟儿，奔波于东西欧各国之间。人们既可以在阿姆斯特丹、巴黎、罗马看到来自匈牙利、捷克、波兰的华人导游的身影，也可以在杜布罗夫尼克、布达佩斯、布拉格看见来自意大利、德国、奥地利的华人导游的身影。中东欧地区的旅游文化交流也随之蓬勃发展。

（五）代际社会认同发生深刻变化与调整

中东欧华侨华人传统的移民模式即投亲靠友、血缘纽带等模式，近年来随着“侨二代”和“侨三代”的成长以及投资移民的增加而逐渐被冲淡，由此所产生的华侨华人认同问题也发生了变化。这种变化集中体现为家庭成员间认同的分化：上一辈仍对祖国有较强的认同，而新一辈则积极融入当地社会，形成认同断层和认同差异问题。正如李明欢教授所言，“华裔青年”或曰“第二代”是一个特殊的群体。他们或在童年时代就随父母移居异国，或出生于父母移民他乡之后，总之，他们的社会化过程全部或基本上是在移居国完成的，他们是在自身的血缘文化和成长的环境文化相互撞击与交融中成长的一代人。在移居国主体民族眼里，这些华裔青年大多仍被视为中国人或外来人，可是，在其父母的眼里，则往往被认为太西化了。[①] “侨二代”和“侨三代”本身在自我认知上就容易产生困惑，并非完全忘记或排斥自己的中华民族之根，但需要合理引导。如何在维持对中华民族认同的同时，更好地融入当地，是未来华侨华人面临的重大挑战。

（六）“青田现象”效应反哺地方经济社会发展

浙江省丽水市青田县素有“华侨之乡”的美誉，

① 李明欢：《欧洲华侨华人史》，中国华侨出版社 2002 年版，第 696 页。

青田有300多年的华侨史，始于明末，成型于晚清，发展壮大于民国时期。时至今日，青田本土常住人口与海外青田籍人口之比接近1:1。青田54万人口中有33万是华侨。欧洲既是青田华侨的聚集地，也是从事中国商品贸易业的青田籍侨商的主战场，“单一来源地”的青田华侨，遍布“一带一路”沿线如匈牙利、保加利亚、塞尔维亚、斯洛伐克等国的城乡，以多种形式在当地政府、主流社会和中国之间发挥着民间大使的独特作用。

改革开放初期，青田县每年出国人数上千人。进入20世纪90年代之后，达到高潮，每年出国人数高达上万人乃至数万人。这一时期移居欧洲的青田华侨华人，已不仅是谋求贩卖小商品层面的发展，开始尝试跳出传统的中餐业、服装业及皮革加工业等领域进而快速转向商贸业，从事中国商品在海外的跨国零售、批发贸易。由此，青田籍国际贸易大军迅速崛起。因此，青田华侨是我国改革开放后走出国门、与国际市场接轨的先锋队伍，是国人和企业“走出去”的实践者、引领者和推动者。青田华侨通过在国际市场的多年拼搏，积累了丰富的跨国商贸经验、雄厚的经济实力以及广泛的商业人脉。为发挥华侨优势，青田积极搭建华侨回国创业平台，提出建设“国际名品集散中心”的构想，规划创建了侨乡进口商品城项目。经过几年的努力，侨乡进口商品城已日益繁荣。

（七）家族式营商管理模式

在中东欧国家的华商，大多采取家族式管理。随着时代的发展，家族式管理也面临越来越多的挑战，如何与时俱进、建立现代企业制度是华侨华人亟待解决的问题。据调查，匈牙利华侨华人在地产、物业、批发、零售、餐馆、亚洲食品店等几个主要行业中的90%以上的企业都是由家族控制和管理。它们具备以下几方面的优势。

（1）所有权与经营权二合一，易于管控。传统的家族宗亲、裙带关系观念强，有利于沟通、决策、解决问题甚至紧急危机的处理。

（2）家长式的集权领导制，有核心力量，规章制度化的约束少，弹性大。只要决策方向正确就有利于企业快速发展。

（3）家族企业更容易解决华人用工的招聘问题，尤其是对专业知识技术要求不高的普通员工。一些来自于浙江、福建的华人企业家，他们自己发展壮大后会想到把他们的家族成员招募到自己的旗下。如浙江企业家叶先生，其名下建材中心的100多位华人员工主要是由他的家人和国内的亲友乡邻构成。用他的话说，“既解决了我的用工问题，也替他们寻找了一条生存发展之路。有能力的我还送他股份，给他提供当老板的机会”。既任人唯亲，也任人唯贤。

（4）游离于金融体系之外的民间家族资本融通能力强，有利于扩大再生产。匈牙利华人零售业的发展壮大离不开巨大的资本投入，而家族式的融资方式起了关键性作用。

（5）凝聚力强，善于抱团取暖。家族企业的发展无论是纵向的单体直线式，还是横向的多体网络式，都具备很强的向心力、凝聚力。既善于合力经营，又各有明确分工，同时具备一定的成长和抗风险能力。

匈牙利华人家族企业也面临着自己的发展瓶颈。如家族企业的标准化、规范化、制度化不够，导致规模化发展有限。同时，华人家族企业多数仍由第一代华人掌控，接班的第二代华人可利用的人力资源缺乏，甚至呈缩减趋势。这必然导致家族式的企业发展后劲不足，个别的已不得不主动放弃。这对那些经营传统商贸、中餐馆的家族来说尤为明显。像当年赫赫有名的长城饭店、中国大酒楼、新世纪饭店等颇具规模的中餐馆，都是因家族后代人手少或不愿接掌，业主们只好忍痛割爱，要么告老还乡，要么继续转投其他行业另谋发展。

(八)多渠道联系国内业务，多途径保持“中国身份”

随着时代的发展，按中国地方区域划分的华侨华人群体整体实力壮大，同乡会、区域商会也应运而生。例如温州商会、明溪商会、福清同乡会、青田同乡会、瑞安同乡会、丽水商会、山西商会、湖北商会、上海商会、广东商会、贵州商会、重庆商会等都纷纷建立起来。以国内籍贯所在的省市县划分区域成立的老乡会、商会，加强了本会老乡之间、会员与家乡政府、企业之间的各种联系，为会员提供各种信息和协助，帮助解决会员生活工作中出现的一些困难和问题，在华侨华人在海外立足和发展过程中发挥了很大作用。

以中国商品进出口经营起家的华侨华人，与国内供货的外贸企业、生产企业、地方政府等普遍联系密切。如中国商品订货，几乎全部的中国商品进出口公司需要回国参加商品交易会、博览会和供货公司企业的业务洽谈订货会。近年来，随着经营行业的分工清晰化，与国内往来与联络的方式也各有不同。从航空机票信息和大致的调查情况看，每年华侨华人至少有总数 10 万人次的往返，去除探亲年人均一次总数约 3 万人次的数量，以其他目的每年往返国内人均也在 2

次以上。如参加会议、学习培训或其他活动的占华侨华人总人数的约3%—5%，每人每年回国1—2次。旅游、探亲访友、夏令营、冬令营人均每年也有1次。

华侨华人对祖籍国“中国”的认知度高，即使有些年轻华人取得了住在国国籍，也都没把自己当“外人”。对于我国使馆、国内各级政府、商务机构组织安排的各种活动，都能给予积极响应，主动参与，为祖国建设发展献力献策。随着中国经济实力的增强，华侨华人对祖国的认同感和归属感也愈发强烈。

华侨华人与国内的联系，大体可以分为三个层面：一是与家乡亲友的联系情况；二是与国内的业务往来情况；三是华侨华人对“中国身份”的认同。

（1）华侨华人与家乡亲友的联系情况。优越的地理位置和生活环境吸引了大批的华侨华人在国外定居的同时，他们与国内亲友的关系就变得没有那么紧密了。在被调查的所有华侨华人中，几乎所有人在国内都还有亲人，但是他们回国探亲访友的机会和次数却是少之又少。据调查显示，克罗地亚华侨华人在“您大概多久回一次国”的问题上有超过半数的人都选择了“一年以上”才能回国一次，大约占比73.3%；大约20%的人选择了“半年到一年”；仅仅只有6.7%的人选择了“半年以内”就能回一次国。长时间地离家在外，对祖国以及家乡的亲人朋友的交流和联系就少得多。因此只要有回国的机会，华侨华人还是愿意尽量在国内多逗留一段时间。在“您回国一般停留多长时间”这一问题的调查中，有高达93.3%的人都选择了“其他”，也就是多于一周的停留时间，用来和家人亲友增进关系、加强感情，只有6.7%的人是只能停留“一周左右”。从回国的动机来看，80%的华侨华人回国的目的是“探亲访友”，13.3%的人是因为与国内有业务往来，而只有6.7%的人是因为旅游才回国。由此看来，克罗地亚华侨华人与国内亲友的联系虽然不及在国内回乡探亲访友那么方便，也由于不同原因不能那么频繁地回国，但是对国内亲朋好友的思念和不舍让他们一有机会就尽量回国团聚。可以预见的是，随着中国与塞尔维亚、波黑两国互免签证的生效，这两国的华侨华人回国的比率将会提升。

（2）华侨华人与国内的业务往来情况。当前海外华人经济的基本特点是：在行业上高度集中，在资金上高度分散。如何改变这一现状，摆脱困境与危机，是今天华商们必须解决的问题。以欧洲的情况作为个案考察，华人经济到20世纪末已经开始其多元化经营进程，然而，从行业上看，餐饮业、服装业和皮革加工业依然是华人经济的支柱产业。服装、日用品等的批发与零售占比33.3%，“旅游类”和“其他”行业也各占近三成的比例。“其他”行业中，金融、高新技术、律师、会计等也已经开始有人触及，却尚未形成规模，这些零散的从业人员服务的对象也以华人为主。

在此前对克罗地亚华侨华人的调查中，针对“您与国内是否有工作业务上的往来”这一问题，华侨华人与国内有工作业务往来的也只有33.3%，而另外66.7%的人与国内并无工作业务上的往来。对于“您与中国的业务往来频繁吗”这一问题，33.3%的人“经常有业务往来”，26.7%的人“很少有业务往来”，40%的人“几乎不往来”。考虑到在“16+1合作”开展之前中国在中东欧的投资和经贸活动并不热络，33.3%的华侨华人与国内有业务往来虽在数量上不占绝对优势，但还是能看出华侨华人对于联系中外的巨大意义和潜力。相信随着“16+1合作”的深入以及“一带一路”建设在中东欧地区的落地，会有越来越多的华侨华人参与其中，既有利于顺势完成华人经济的转型升级，也为中国与中东欧的交流与对接贡献更大的力量。

（3）华侨华人对“中国身份”的认同。近几年来，随着中国文化软实力的日益提升，不管是国人还是海外的华侨华人，都对中国有着极其强烈的民族自豪感和自信心。近代以来，华侨华人对中国传统文化和生活方式的坚守，让世界各国人民接触到具有浓郁特色的中国文化，从饮食文化、文学艺术到哲学观念，越来越多的海外人士对中华文化不再感到惊异和陌生。世界各国的新、老唐人街、遍布大街小巷的中餐馆、舞狮等海外春节庆祝活动的盛行等这些典型的中国特色，是海外华侨华人在深受西方文化熏陶之余，仍念念不忘博大精深的中华文化的最好见证。

近期在克罗地亚的一项调查显示，80% 的华侨华人会庆祝中国的传统节日。平时，海外的华侨华人也会通过各种方式了解中国的最新情况，其中 60% 的人通过互联网等方式了解中国，16% 的人通过电视新闻等媒体报道了解中国，12% 的人通过亲友告知了解中国，回国出差或与国内有业务往来进而了解国内情况的则有 4% 。除此之外，海外的孔子学院、孔子课堂的开设，让很多的华侨华人都有机会学习汉语和中国文化。一些华人社团还在当地办起了华校，将自己的子女送来学习汉语，在对创办海外华校的态度的调查中，有高达 93. 3% 的人选择了大力支持。这些都说明了海外华侨华人对“中国身份”的认同，也说明了华侨华人在推动住在国和中国友好和谐关系发展中所体现的重要意义。

七　中东欧国家华侨华人移民面临的主要困难

（一）营商环境变化，身份由“灰”变“白”

近两年，尤其是自 2017 年 10 月起，罗马尼亚、波兰、匈牙利等国海关、税务等部门相继开展大规模专项执法行动，大批华商店铺被清查，损失惨重。有关国家对非法居留、非法经营、偷税漏税等问题的打击力度也逐年加大，“中国商城被查抄”之类的新闻屡见不鲜。

各国通常都要求外国人不得从事与“签证身份不相符”的活动，不少国家还严禁外国人从事零售行业，一些华商往往设法通过“挂名”“合雇店员”等套路，隐瞒真实签证身份，暗箱操作商贸活动。

“灰色”的形成有其历史成因和外部环境。“灰色”华商们也是有苦难言，“我们也想正规化、合法化，但正是因为‘白道’走不通，才逼得我们走‘灰道’”，这种情况具有很大的代表性。随着近年来“逆全球化”思潮和经济民粹主义的兴起，各国明显加大了贸易保护和市场监管整顿力度，法律制度日益完善，税务执法更趋严格，“灰色”空间越来越小，隐患越来越大，曾经的“灰色”机遇早已不复存在。自甘“灰色”的华商，自然也不得不承受相应的风险和代价。如何抓住机遇，尽快转型升级，是这些依然深陷“灰色”的华商们最为紧迫的任务。告别“灰色”，要么有尊严地留下来，要么优雅地退出。

随着中国经济进入新常态，中国的产业结构逐渐从劳动密集型向科技密集型的高端产业转型升级。随之而来的是中国劳动力价格的上升，如此一来，中国传统的小商品制造的成本优势便不复存在。与此同时，中东欧国家在度过商品匮乏期之后，对低廉产品的需求也在下降。这种情况下，以商品贸易为主业的中东欧华人也需要产业转型，向高端贸易或者制造业方向发展。不过，华侨华人的资金不足，向当地银行和其他金融机构融资也有诸多困难，所以中东欧华侨华人的转型面临多方面的困境。

（二）法律意识淡薄，税务争议不断

当地华侨华人主要以经商为主，不少中东欧国家对商业行为的征收税目繁多，而且缴税的申报方式、期限、地点，财务账簿的记录、保存等都有很严格的规定。然而，很多华商鲜少注意税收方面的法律和规定。因此，大部分华商均经受不住税务警察的稽查。另外，中东欧的华侨华人也经常面临因所在国警察腐败而被敲诈之类的情况。中国使馆已多次呼吁华商合法经营、依法维权，并且就如何应对警察的敲诈、税收法律规定等进行了专门的培训授课，不过，现状的完全扭转还需要时间。

（三）惯于族群聚居，本地融合困难

华商在经营上虽已经历了从简陋的批发市场到商贸城的转变，但还是习惯于聚居在一起，与本地商户基本隔绝。华商在经营场地租金等问题上也经常与当地开发商产生矛盾，甚至被对方刁难。中国人无论在商业经营还是在生活居住方面，都习惯聚拢在相对集中的一片区域之内，形成一定的规模以实现抱团取暖。当地人无法介入华侨华人的生活圈，反过来，华人也很难融入当地人的生活，因此，会造成文化、习俗方面的冲突。有学者指出，现有的研究常将华侨华人描绘成一个与世隔绝的社群。保加利亚、克罗地亚以及匈牙利三国史上最大规模的调查资料为华侨华人移民

社群的孤立现象提供了三种原因解释：不需要、不想要以及无法融入当地社群。而分析结果显示，虽然三个华侨华人社群的隔离因素有显著差异，但“不想要”与华侨华人社群孤立现象并无因果关系。三国之中，匈牙利华侨华人社群因需要与当地人互动，因而孤立程度最低；保加利亚的华侨华人社群则由于重重障碍导致孤立程度最高。[①] 因此，对于华侨华人与中东欧国家当地社会融合的问题，因所在国的国情不同不能一概而论，也并非单独仅是华侨华人自身的问题。

（四）民粹主义影响，欧盟歧视待遇

虽然近年来大部分中东欧国家属于欧盟中经济增长速度较快的，但其刺激经济增长方式主要依靠怀柔的税收政策和政府补贴特殊人群刺激消费，这种发展模式下的市场对于主要经营小商品贸易的华商具有较大的不稳定性。近几年来，随着难民危机在欧洲的持续发酵，民粹主义抬头深刻影响着欧洲的政治生态，华侨华人也遭到了波及和影响。华侨华人在欧盟内受到某些歧视性的待遇，比如在申请和办理工作签证、

① Amy H. Liu，“The Isolation of Chinese Migrants in Eastern Europe，Survey Data from Bulgaria，Croatia，and Hungary”，*Journal of Chinese Overseas*，2017，Vol. 13，Issue 1.

申请欧盟基金、申请政府专项补贴、申请地方税收优惠等方面，华侨华人的申请条件均比其他欧盟国家公民的条件要苛刻。

欧盟的标准相较于中东欧各国的标准要高，中东欧国家加入欧盟之后，其各类标准均要与欧盟的标准相统一。这样一来，华侨华人将国内相关产品引入中东欧乃至欧盟的难度加大，需要取得欧盟的相关认证。

（五）国家腐败尚存，商业环境堪忧

中东欧国家总体属于腐败较为多发的国家，华侨华人相对较多的匈牙利、捷克、罗马尼亚等腐败问题一直居高不下。比如，罗马尼亚政府受国内压力正在展开反腐行动，包括2017年震惊世界的腐败法案大游行，但依旧被欧盟认定为腐败程度高的国家。华商的商业环境公平、公正性难以保证，而且还有些华侨华人采取了某些不正当手段与罗马尼亚公职人员交往，也助长了罗马尼亚的腐败风气，同时引起了罗马尼亚反贪局对华侨华人的关注。

（六）参政议政较难，支撑条件不足

中东欧国家大多是小国，民族认同强烈。华侨华人在中东欧较为分散，数量也不多，参政议政热情不高，即使部分华侨华人有参政议政的热情，也因人数少而很难形成气候。

从民主体制发展看，要参政议政，需要有较为发达的媒体支撑，也需要有影响力的相关协会为后盾，但这两点华侨华人都不具备。

从华文媒体发展来看，媒体的专业化、本地化和国际化水平均比较低，华文媒体的形式、编排水平、版面内容以及广告制作等都有待进一步提高。华文媒体既无法介入中东欧主流媒体，也无法及时、准确、全面地表达华侨华人的自身诉求，乃至华文媒体在华侨华人中影响程度有限，有相当一部分人不曾阅读过，甚至不知道这些华文媒体是否存在。

就华人社团的建设而言，部分社团负责人和侨领的文化水平不高，社团的信息化、知识化、年轻化、素质化建设有很大的提升空间。与此同时，侨社、侨团融入当地主流社会的程度不够，要加大本土化建设的力度。住在国政府与民众对华人群体的了解不够，也就无从谈起他们能对华侨华人给予行之有效的帮助。华人社团内部、社团之间的矛盾纷争也较严重。尤其像匈牙利这样华侨华人规模较大的国家，华人圈内“山头”林立，社团零散，同质化竞争严重，甚至近乎重名的社团重复建设互相争斗。如何摒弃好大喜功、不务实际的旧习，以大格局、大视野协调华人社团内部矛盾，值得侨领们思考。华人社团要努力凝聚华侨华人的民意人心，形成合力，让侨胞有获得感、信任感、归属感，反映真实问题，解决实际问题。

八　新时代华侨华人的发展机遇

（一）推动双向经贸投资与合作

华侨华人与国内的联系较为紧密，虽不能频繁地回国探亲旅游，但在网络时代，互联网、微信、QQ等新的网络与社交媒体和工具已能让华侨华人与国内无缝对接。所有的华侨华人都有衣锦还乡、造福乡梓的心愿，正所谓“富贵不归故乡，如衣锦夜行”，因此华侨华人不论取得成就的大小，辛苦打拼多年后都尽量要光鲜地回乡，祭祖修屋，修桥铺路，投资基础设施建设等。

在欧洲积累了一定财富后，绝大部分华侨华人选择回国进行再投资。中东欧地区的华侨华人在山东、河北、江苏、浙江、福建、广东等地都有各种投资。斯洛伐克浙江青田籍的叶竹民在江苏投资房地产。旅居斯洛伐克的浙江青田人王海虹于 2004 年响应祖国号召，积极参与西部开发和建设，在贵州从事水利水电工程投资和建设。匈牙利福建籍华侨郭加迪在鞋贸生意占领东欧市场后即回到莆田老家投资 4000 万元创建郭氏（福建）鞋业有限公司，打造自己的品牌 Sandic，把国内生产和国际贸易一条龙结合。近几年郭氏进一步扩大在国内的投资，在福州、西安、宝鸡、武汉、莆田 5 个城市有 9 大项目同时开发，以“星级酒店 + 住宅”的地产开发模式，来营造人们全新的“品质筑家”理想。

中国与中东欧地区合作的加强，也给当地华侨华人带来了新的机遇，一些华商顺势而上做大做强在中东欧的事业。波兰上海籍华侨柴洪云就是一个很好的例子。他早年毕业于复旦大学，在贸易行业积累资本后进入高档餐饮业，创办的华都餐厅目前是波兰最有名的中餐连锁店。随着华侨华人团体规模扩大，以及中国与波兰的交流不断增多，柴洪云看到了新的服务业商机。近年来他在旅游、教育、媒体等行业都有涉猎，旗下产业包括波兰华人资讯网、华沙中文学校和波华旅行社。他还在华侨华人联合会、华人联合会、波中经济文化协会等多个社团担任领导职务，推动海外华侨华人与国内商界双向的投资与合作。

（二）积极参与“一带一路”建设

“一带一路”沿线国家和地区华侨华人占全球华侨华人总数的2/3以上，既是“一带一路”建设的重要推手，也是连接中国与住在国的重要桥梁，还是传播中华优秀文化、推动中国企业“走出去”发展的依靠力量。随着“一带一路”建设的深化，海外华侨华人的作用日益凸显。[①] 到目前为止，已经有越来越多的海外华侨华人积极参与到“一带一路”建设中来。

集中发展物流产业是华侨华人参与“一带一路”建设的重要抓手。例如，一些新兴的中小型物流公司近几年在匈牙利发展迅速。它们和当地的TNT、TLS、DPD、DHL、EMS等陆、海、空物流专线以及快递公司联合，既有欧洲境内国与国间客商货物的配送，也迅速高效地运达欧洲和中国之间的大小货物，如托盘、包裹、文件等。国内与匈牙利双向的跨境电商、海外仓、各种急快件的物流渠道彻底疏通。大量的网购、代购、电商服务等需求更是把这些新的物流公司的潜能充分挖掘了出来。迄今为止，在布达佩斯，这样新型的物流公司已发展到9家，业务量扩大的同时也在

---

① 李鸿阶、廖萌：《海外华侨华人参与“一带一路”建设研究》，《统一战线学研究》2018年第3期。

客户群、物流商品的选择方面，努力朝专业化、特色化的方向发展。

这些物流公司作为第三方还充分利用中欧班列，把接订单、组货、采购、对接、制单等业务连接起来。它们或以产品为主，或以服务为主建立区域合作的国际网络，在德国、法国、意大利、西班牙、奥地利等周边国家都建立起伙伴关系。通过业务往来建立互信，充分发挥各自的资源进行整合。目前，匈牙利的这些物流公司正在朝着规模化的方向发展，并希望有更大的资本注入。他们表示，“一带一路”倡议为他们这些曾经徘徊在选择营商项目路口上的华商点亮了信号灯，他们将会为穿梭于中欧间的国际班列对接好供需的平台，也相信一定能享受到“一带一路”国际合作给各方带来的红利。匈牙利的这些新型物流公司近年来的营业额平均都在以50%以上的速度递增，业绩增长显著。如只有几年历史的东进物流公司，从名不见经传的小规模物流公司快速发展成为当地一家颇有影响的物流企业。

目前，中东欧华商对华贸易仍然以批发中转为主，波兰华沙中国商城、匈牙利布达佩斯华人批发市场、罗马尼亚布加勒斯特红龙市场，是华商的主要进货渠道，其后再转卖至西欧或者中东欧的周边国家。中欧班列开通后，中东欧华商可以考虑直接与国内厂商建立合作网络，利用新开辟的中欧交通网降低成本。同时利用身处欧盟境内直接面对全欧的窗口优势，直接向中国厂家招商，吸引制造商来到中东欧地区，实现点对点的厂家直销模式，把地理优势最大化。时至今日，华侨华人大多精通当地语言、法规、政策和文化，可以作为桥梁促进中国企业对本地国的直接投资以及并购等事宜。

目前，中国与欧洲的贸易仍然存在严重的不平衡问题。中欧班列进入欧洲几乎全部是满载的，而回程则只有20%—30%的载货量。实际上，中东欧地区的很多产品与西欧其他国家相比无论是价格还是质量都占据优势，有很大的潜力可以挖掘。以奶制品为例，同等质量的盒装奶，波兰产品的价格比荷兰产品低20%之多。遗憾的是，中国客户不了解中东欧的实际情况，习惯性购买英、德、法、意等西方发达国家的品牌，同时本地政府职能部门与厂商也不了解中国市场和文化，因此中东欧的优质产品迟迟无法进入中国。中东欧地区的华商熟悉两边的市场现状，可以抓住机遇，填补目前的市场空白，加强中东欧地区与中国的沟通联系，从而更好地把握住“一带一路”建设带来的新商机。

中国政府的相关优惠政策与技术优势，当地政府的积极参与和配合，旅居中东欧地区的华侨华人的网络与桥梁作用，三者互相结合才能更好地推动中国与中东欧国家合作走向深入。

（三）厚植民心相通建设根基

中华文化是华侨华人的根基与根本，它是海外华侨华人的一种精神指引，是紧紧凝聚华侨华人的精神力量。毋庸置疑，华侨华人也是中华文化的重要传播者。[①] 传播中国文化，首先应积极发展华文媒体，增强中国软实力。目前华文媒体发展虽然不足，但进入互联网和自媒体时代面临着转型发展的良好发展机遇。华文媒体的发展，既可以向当地主流社会展示中国文化、中国智慧，也可以协助中国媒体“走出去”，壮大自己的声势和力量。

其次，要办好华侨华人团体，集体发声，集中发力。华人社团不应满足于华侨华人的联谊和生意上的互帮互助，而应变成维护华侨华人利益、表达自身诉求的一个平台和工具，成为推动参政议政的一个抓手，积极优化华侨团体自身质量和本土化水平。

最后，要办好中国传统文化产业，尤其是武术、医药、中餐、园林等。无论走多远，华侨华人都不会

① 张颖：《“一带一路”战略背景下人文交流和华侨华人经济发展》，《探求》2017 年第 4 期。

忘记自己来自一个拥有古老文明的东方国度。走出国门后的华侨华人既要学习和吸收西方文明、文化，融入当地主流社会，也要把中华传统文化的传承传播视为己任。20 世纪 90 年代末开始至今，匈牙利华侨华人兴办的各种文化艺术团体、中文学校，语言培训，书画、禅武、太极、声乐、舞蹈、合唱团如雨后春笋般出现。他们为丰富华人业余文化生活、为“华二代”的中文教育、为在海外传承中华传统文化艺术做出了坚持不懈的努力，也为侨居国对华人、对中国文化的认识、认同发挥着他们的作用。正如罗兰大学东亚系主任、孔子学院院长郝清新所言，华侨华人要“让对中国感兴趣的人不仅通过大市场、更通过有意识的宣传了解我们。至今为止，许多匈牙利人尚未了解几千年的中国文化”。

2013 年 12 月 17 日，中医药合法化的法律正式在匈牙利国会通过，标志着匈牙利中医药界人士经过二十几年艰苦卓绝的努力，树立了具有划时代意义的里程碑。如今，中医药和中医诊疗在匈牙利的发展前景一片广阔。

九　中东欧部分国家侨情侨况调研

（一）匈牙利华侨华人情况调研

匈牙利地处中欧，是最早与中国建立外交关系的欧洲国家之一。长期以来中匈关系平稳顺利，友好发展。进入21世纪以来，在两国高层频繁交往和持续带动下，中匈在广泛领域内的全面合作已经展开。在双方共同努力下，中匈两国创造了多个“第一”的纪录：匈牙利是第一个与中国签署共同推进“一带一路”建设政府间合作备忘录的欧洲国家；是第一个同中国建立和启动“一带一路”工作组机制的国家；是第一个发行人民币债券的中东欧国家；是第一个中国在中东欧地区设立人民币清算行的国家；是第一个设立中国国家旅游局办事处的中东欧国家；是第一个在本土建立母语和汉语教学的中匈双语学校的欧洲国家。

2017年11月，在布达佩斯召开的中国—中东欧国家领导人会晤，把中匈关系和各领域合作再度向前推进。这些都使生活、工作在匈牙利的华侨华人倍感欣慰和荣耀。

匈牙利在中国移民欧洲的过程中起到了举足轻重的作用。中国人不仅在匈牙利建立了自己的华侨华人社区，而且将其作为移民到欧洲其他地区的停顿点。[①] 和中东欧其他国家一样，匈牙利华侨华人的历史不长，但人口数量较中东欧其他国家都多。“继承中华民族优良传统、随遇而安、辛劳勤奋、与人为善、以和为贵”的美德在匈牙利华侨华人中得以充分体现。华侨华人用自己的勤劳和智慧，为居住国匈牙利的经济发展、科技进步、社会繁荣、文化多元和中匈关系做出了重要贡献。他们已成为匈牙利最受欢迎的外族群体之一。

1. 匈牙利华侨华人的籍贯、人数以及在当地的分布情况

据匈牙利有关部门统计，目前在匈牙利有合法居留身份的华侨人数为37598人，其中包含近几年的国

① Kevin Latham, Bin Wu, “Chinese Immigration into the EU: New Trends, Dynamics and Implications”, Europe China Research and Advice Network, 2013 (https://eeas.europa.eu/archives/docs/china/docs/division_ecran/ecran_chinese_immigration_into_the_eu_kevin_latham_and_bin_wu_en.pdf).

债投资移民 20231 人。

早期华侨华人（在 2013 年新移民到来之前的华侨华人，当地华人自称为“老移民”）的籍贯以浙江和福建两省为多，其中福建籍数量最多，据不完全统计，至少有 10000 人，其中又以三明地区的明溪县人最多，其次为福清地区。据明溪商会提供的信息，旅居匈牙利的明溪籍人超过 5000 人。福清同乡会也有过比较确切的统计，定居在匈牙利的福清人至少有 3600 人。另外，莆田、厦门、晋江等地约有 1500 人。华侨华人中，来自浙江省的大约有 9000 人，其中以丽水地区的青田籍人士占绝大部分。据匈牙利青田同乡会的资料显示，约有 7000 人，占据了匈牙利浙江籍华侨华人的大多数。温州（尤其是与青田相邻的瑞安市）籍的华侨华人也比较多，大约有 2000 人。此外，还有少部分人来自杭州、台州、金华等地区，约有几百人。

除浙江、福建两个华侨大省外，其他来自全国各省市自治区的华侨华人合计有 3000—4000 人，几乎涵盖了全国大部分省、市、自治区，其中以东北三省、河南、北京、上海、天津、山东、山西、河北、陕西、四川、重庆、湖北、广东、云南、贵州等地居多。

随着 2013 年匈牙利新的国债移民政策的出台，一大批新移民涌入匈牙利，成为旅匈华侨中的又一主要群体。据匈牙利官方的统计数据，截止到 2017 年上半年，新移民数近6000户，共20231人。另从有关方面获悉，落地长期居住的新移民只有6000余人。按照上述数据，购买匈牙利国债的新移民总数已经接近或超过了之前移居匈牙利的老华侨人数，但实际落地在此生活的新移民数量还是远远低于老华侨数量。这也是匈牙利华人社会中老面孔多于新面孔的缘故。

20世纪90年代至21世纪初前后的20年间，匈牙利华人数量仍呈缓慢增长的趋势。其一，一些人因他们的匈牙利亲友业务经营的需要，以经理签证的方式来到了匈牙利，给这里的华侨华人社区增添了一股新力量。其中，两个大规模的商贸中心——亚洲中心、中国商城的落成运营为这批新增华人的到来起到了助推作用。据估计，这批人至少有3000人。其二，这些早中期的华侨华人抓住了育龄期“添丁”的机遇，超过80%的家庭在匈牙利顺利实现了他们的二胎、三胎目标，很多女性顶着高龄产妇的压力完成了她们的再生产计划。粗略推算至少有3000个家庭孕育了3500个以上的新生儿。

我们以上估算的华侨华人数量似乎和匈牙利官方统计有一定的误差，主要原因是匈官方数据只统计拥有永久或长期居留权的华侨华人，而未包括已取得匈牙利国籍的那部分华人。

2000年前，因为工作的原因，超过80%的华侨华人居住在布达佩斯。之后，中国人的零售店遍布匈牙利各地，这些店主除了周末来布达佩斯进货、访朋会友外，其余时间基本都生活在布达佩斯以外。目前匈牙利华侨华人几乎生活在匈牙利的各个角落，当然，仍有 2/3 的华侨华人长期居住在布达佩斯。

2. 匈牙利华侨华人走出国门的历史情况，华人所在家族在国外的发展情况

根据华侨华人入境的时间和方式不同，我们大致可以把匈牙利的华侨华人划分为早期、早中期（统称为老移民）和新移民（以新国债移民为主）。

早期华侨华人指的是 20 世纪五六十年代到 1989 年匈牙利社会变革前后来此定居的华侨华人。当时，一些人以留学生的身份来到匈牙利，他们是这里最早期的华人。这几位屈指可数的侨居者，以后基本都成为当地资深的职业翻译。

1987 年，由吉林国际经济技术合作公司派往久尔拉巴汽车公司的 350 名劳务人员是来匈牙利最早、最具规模的一批华人。他们入境后均接受了正规的匈牙利语言和车、钳、铆、焊、铸造等各种生产技术培训。三年合同期满后一小部分人选择了留下。目前仍有三四十人侨居于此。他们通晓语言，对当地环境了解，一部分人与匈牙利人联姻，融入当地社会的程度深。

他们是匈牙利早期华侨华人的缩影，为后来的华侨华人提供了许多必要的生活、工作以及法律法规方面的信息指导。目前多数从事翻译和相关咨询服务工作，为当地华侨华人的生存发展继续发挥着穿针引线的作用。

1990年，中匈两国签署了互免签证协议。那时的匈牙利是欧洲唯一对中国免签的国家。因此，很快便涌入了一批来此淘金的华人，他们主要来自北京、上海、东北三省、河南、浙江、福建等地。当时最高峰有三四万人之多。后来因为政策收紧，互免签证的大门关闭，华人的身份延续出现了障碍，一部分人选择离开或转道西欧和其他国家，一部分人干脆卷上铺盖打道回府。留下来坚守的则期待一定会拨云见日。在艰苦卓绝的居留等待的同时，几乎所有的华人都没有耽误在粗放的营商环境中完成资本的原始积累。不论是以个人、家庭为单位，还是以某种合作方式组合，都取得了身份和经济效益的双丰收。

匈牙利华人移民的历史短，经济形式单一，其财富控制量无法与东南亚甚至欧美的一些移民国家相比，但华人家族人力资源的增加、经济实力的壮大、再生产的投入仍是匈牙利华人社会的主要推力。

匈牙利传统家族企业对早期华人的立足、生根、发展发挥了它们自己的优势，为巩固目前的生存环境夯实了经济基础。一些在华人社会中有影响力的家族人数发展到几十上百人，人们经常笑谈“超过了很多省份的华侨华人总数”，足见树大根深、枝繁叶茂。

但他们也普遍意识到，未来发展面临着转型升级的巨大挑战。积极接受新生代思想，发挥知识化、年轻化、信息化的优势，大胆开拓自己的未来是必由之路。鼓励年轻人朝着未来的方向和自己喜欢的如软件开发、网络技术、信息智能、电子商务、环境保护、创新科技、金融投资等有别于传统家族的新兴行业发展。近年来沿着“一带一路”倡议到匈牙利投资的中资企业发展势头强劲，大批落地的中资企业亟须招聘有知识、有能力、懂语言的当地年轻华人。一些“华二代”不仅从中找到了自己适当的位置，有的已成为中资企业重点培养的对象，在重要的岗位上发挥着他们的作用。此可谓从某些家族传统行业的“病树”前头，展现他们另辟蹊径的“万木春”景象。

3. 匈牙利华人社团的自身建设

（1）华人社团的诞生、发展情况

社团在住在国的华侨华人中一直都发挥着积极有效的作用，匈牙利各类社团也不例外。从 1993 年年底匈牙利华人联合总会（也是中东欧第一家华人社团）成立至今，先后有近 50 家的联合会、商会、同乡会、妇女会、文化、艺术、医药、禅武、体育等各类民间社团组织成立。

社团成立的宗旨和目标基本围绕以下内容：增进华侨华人之间、社团之间、华人与当地民众之间的友好相处；争取和维护华侨华人的合法权益；传承传播中华传统文化，提高华侨华人综合素质、形象和地位；促进和发展中国与匈牙利的友好关系，积极开展中匈间的经济、文化、科技交流；促进中国的和平统一与世界和平进步；推进中国的经济建设和新时期“一带一路”建设与国际合作。

社团的性质不同、人员结构不同，建立的目的和任务也有差别，其在工作过程中也就各有侧重。因时代变迁，老社团和新社团的形态也都在发生着变化。匈牙利华侨华人社团的发展与特点大致可总结如下。

与有力稳固的经济发展相适应，文化艺术类团体顺势蓬勃发展。匈牙利华侨华人社会对思想、文化、教育、艺术、禅武以及精神层面的需求越来越多，像中欧文化教育基金会、匈牙利中医药学会、匈中文化交流中心、匈中文化交流协会、禅武联盟、正武国际武术文化推广中心、匈中乒乓俱乐部、华星艺术团、星光合唱团等都是活跃在华侨华人和当地社会中的社团佼佼者。他们把开拓性思维和专业精神相结合，让匈牙利华侨华人社区生活在各种各样的文化交流、学习、活动、训练、表演、比赛中变得丰富多彩，充满正能量。

大使馆对侨民、侨社的关心关注，让侨团在工作中敞开心胸，放开眼界，大胆放手，扶正扬善。中国驻匈牙利大使馆对匈牙利华侨社团的作用越来越重视和肯定，这让侨团早期对使馆存在的敬畏关系变成一种依存关系，大使馆也多措并举，激发社团在工作中更加有效地发挥出它们的积极能动性，更好地服务侨社。

国家侨务部门对侨团的希望与重视，给匈牙利侨团的建设提出了更新更高的要求。国侨办裘援平主任曾经指出：海外侨团要加强规范化、制度化、功能化、年轻化、信息化建设，这样才能达到共建和谐侨社的愿望。匈牙利侨团对此普遍接受并予以积极配合。

中国政府“一带一路”倡议，成为推动匈牙利华侨华人发展壮大的“第二次浪潮”。各社团都在跃跃欲试，希望能够开启集体智慧，发挥它们的桥梁纽带作用。

匈牙利侨团的发展亟须解决的几个问题：一是部分社团侨领的文化水平不高，科技化、信息化意识薄弱。知识化、年轻化、素质化建设是大势所趋。二是与当地的融入结合度不够，侨社、侨团融入主流社会要加大力度和步伐。匈牙利政府与民众对华人群体了解不够，也就无从谈起华侨华人得到所在国政府行之有效的帮助。三是社团内部、社团之间矛盾纷争；社团过于零散或“山头”林立，以近乎重名的方式组建社团来解决纷争无异于二虎相争。如何用大格局的开阔思维去协调华人社团内部矛盾值得侨领们思考。

针对以上问题，整合与加强协作、规范社团建设意义深远。让侨胞有获得感、信任感、归属感，反映真实问题，解决实际问题，应是匈牙利社团的主要发展方向。

（2）匈牙利中文报纸、杂志的发行情况

匈牙利华文传媒是伴随匈牙利华侨华人生活工作而成长起来的独具特色的行业。早在20世纪90年代，在东欧华侨华人经营环境较集中的地区，华文传媒已经成为当地华侨华人社会生态链中极为重要的一环。正如前文提及，匈牙利纸媒体举步维艰，仅仅保留《新导报》和《欧亚新闻报》两份报纸，显示出华商对传统媒体的捍卫姿态以及服务广大侨民的无私决心。为与时俱进，新媒体近年来也为华商所用，利用微信、微博等喜闻乐见的传播新形式，继续服务广大的匈牙利华侨华人。

4. 匈牙利华侨华人的发展现状

（1）匈牙利华侨华人从事的主要工作状况

第一是占据主导地位的中国商品批发贸易与百货

零售行业。

早期的匈牙利华侨华人基本以经营纺织品、服装、鞋帽、小商品等中国产品的批发业务为主，零售商店为辅。市场渐趋成熟以后，逐步形成批发、零售各据一方的局面。

地理位置和经营环境宽松的优势，使匈牙利在20世纪90年代初开始成为中国商品在中东欧的集散地。中国出口到匈牙利的各类产品主要从德国汉堡、不来梅港或斯洛文尼亚科佩尔港登陆后运达匈牙利，再从匈牙利分销到周边国家，如乌克兰、波兰、斯洛伐克、立陶宛、保加利亚及前南联盟等各国。这种保持了20多年的商贸物流形式一直延续到了今天。商品批发仍旧以布达佩斯为中心。目前华商集中在两个最具规模的商业区域，即第十区的唐人街区和第八区的岗茨商业区，占地近20万平方米。两个区域集中了2300多家以经营各种商品批发业务为主的商贸公司，带动相关的就业华人数量至少有5000人。

匈牙利华侨华人零售业的兴起略晚于批发贸易。自20世纪90年代末开始急速扩张，单体店面的经营面积从初期的几十、几百平方米发展到目前的几百到几千平方米的大型超市、购物中心。初步统计，仅福建明溪、福清两地华商经营的超过3000平方米的零售店就至少有70家，1000平方米以上的店面有500家以上。华人零售店、商场占据了匈牙利所有的城镇甚至一些乡村，发展迅猛。粗略统计，匈牙利华商经营的这些零售店总数至少有3000家。

一个有趣的现象是，市场无形的手把匈牙利华人批发、零售业务按中国的地域划分开来——以浙江籍华商占据布达佩斯进出口批发贸易商的主要多数，福建籍明溪、福清人为主的零售商遍布全匈牙利19个州，形成网络式覆盖。

第二是华侨华人的传统行业——餐饮、食品。

早期匈牙利华人中，从事餐饮业者为数不少。这里和西欧不同，经营餐饮行业的90%以上是浙江青田人。有多达300家的中式快餐店布满布达佩斯的大街小巷，此外，还有上百家快餐店分布于匈牙利大大小小的城镇和几乎所有的购物中心内。

餐饮代表着一个地区的生活水平和饮食文化，也是旅游业发展的重要补充要素。中餐馆的数量和质量把布达佩斯中餐推向了一个较高的评价水准。匈牙利颇具规模的中餐馆有30多家，大多都集中在布达佩斯。它们不仅受到当地民众和华人的喜爱，近年快速增长的中国游客除了要感受当地的特色饮食外，也把这里的中餐馆作为用餐的必选之地。不仅如此，有些餐馆还备受当地的一些名流、政要的青睐，不仅成为他们相约亲朋好友享用美食的去处，也成了私下会客约见的倾心之地。据几家颇具特色、规模不等的中餐馆老板介绍，他们会经常接待来此拍片、比赛、观光、参会等不同行业的中外明星、体坛人物、政客名流。有的是接待方引荐，有的是自己通过互联网络、酒店服务、媒体广告等不同信息渠道，搜寻出本地客评较高的几家中餐厅前往消费体验的。

中国（亚洲）食品超市与华人生活密不可分。布达佩斯最早的亚洲食品行是由匈牙利人开设经营的。他们经营亚洲食品行的目标并不只是中国或亚裔客户，更主要的是为那些对亚洲食品情有独钟的匈牙利人。就像现在一些匈牙利人开设的很多茶庄一样，目标客户主要都是本土的消费群。随着其销售影响力的扩大，自然而然地吸引了大批中国和其他亚洲国家的客人。面对这种商机，中国人当然不会放过。很快，中国食品行、亚洲食品店如雨后春笋般发展起来。它们由早期的货品品种单一、不求质量、不具规模、服务一般发展到今天的规模和特色化经营、货品繁多、追求质量、注重服务。当地一家最大规模的华人食品百货超市——熊猫超市把国内几乎所有土特产品、水产品、中式饮料、食品食材、炊具用具进口上架，同时把欧洲产的日用食品、消费品也作为主营项目，既方便了华人又方便了附近居民的日常生活。此外，他们还把华人喜爱的匈牙利地方产品如鹅肝酱、红酒、托卡伊贵腐酒、巧克力、奶制品、护肤化妆品等引入店内。有效地满足了当地华侨华人的一些特殊需求，还吸引了大批从国内来的代表团、游客来选购他们的特色产品、礼品、纪念品。

目前布达佩斯几家老牌的亚洲食品超市如环宇连锁超市、荣荣超市、韩国食品超市等十几家店面主要都集中在布达佩斯的八区、十区华人商圈，从几十平方米到几千平方米，大小规模不等。

亚洲食品、蔬菜的生产加工在匈牙利也是华侨华人食品行业中的一员。这里有传统的豆制品、机制面条、速冻手工水饺、广东虾饺、烧卖等成品、半成品的加工生产，也有亚洲（大棚）蔬菜的种植，除满足华人的日常消费外，主要还为匈牙利中餐馆及周边国家的华人客户提供蔬菜供应。

第三是房地产开发与经营。

匈牙利华商房地产购置、开发经营也同样在20世纪90年代初启动，分为餐馆酒楼、商场店铺、写字楼、公寓住宅等几类。

餐馆酒楼为早期华侨华人的大手笔房产购置项目，起初多以自主经营为目的，后逐渐演变为自主经营加对外出租相结合。除了有可观的营收利润外，房产的逐年升值也让他们的财富飙升变得顺理成章。

此后，随着华人百货零售业的兴起，购买商业店铺、商场形成燎原之势。据了解，在布达佩斯以外所有的匈牙利中小城市内，都有华人购置的商场、店铺，有很多华商购置了数间甚至十数间，形成连锁超市的经营格局。这些商用店铺大部分为业主自用，有些则自用和出租兼而有之，有些干脆就是以对外出租收取租金为购置目的。匈牙利本土一拥有11家著名的大型购物连锁超市SKARA集团被华资企业兼并，购物中心在业主经营数年后将经营权全部转手出租给华商，是华人商业房产中较为突出的一例。

匈牙利布达佩斯由华人掌控、参与经营的大型购物中心、批发展示商城、商业公司、餐饮经营圈、批发广场、物流仓储等大型地产物业开发在2000年后逐渐兴起和成熟。像十五区的亚洲中心、中欧商贸物流园区，十区的唐人街商圈、银河集团的仓储物流中心，八区的欧洲广场等大宗物业地产多以股份制所有形式出现。企业家共同开发经营，收效良好。他们的地产物业为当地华侨华人的中国产品销售提供了良好的硬件条件，对华侨华人公司企业的产品升级换代起到了积极的引导和助推作用。

匈牙利还有一些经济实力较强的华商很早就开始了酒店、商务、住宅楼宇的开发，但受当时大环境的影响，发展比较缓慢。他们是匈牙利华人房地产市场的开拓者，对后期参与者有明显的示范作用。他们的经历给以后成长起来的华人房地产商提供了宝贵的经验和示范。

华商对房地产投资多来自于敏感的商业嗅觉，他们普遍不具备较高的专业技术水平。在投资过程中，也无法像他们早期在贸易领域中那样顺风顺水。

购置非自用住宅用于改造家庭式酒店是近年来匈牙利华商热衷的投资方向。除了早期的一些华侨华人把购房置业作为经营发展项目外，2013 年后国债移民项目的几千户新移民，也有很多把购置房产作为首选的投资方式。他们的举动曾一度推动了布达佩斯中心区域房产价格的上扬，客观刺激了匈牙利的房屋买卖市场。

还有一些人洞见了匈牙利旅游业的不断发展和华人游客的逐年快速增加，联手投资和经营公寓式酒店，在预见的周期内创造了最佳效益。

第四是会计师事务所、信息咨询。

30 多家华人会计师事务所维护着 3000 多家华人公司的正常运转，他们的各种信息咨询、中匈翻译服务在匈牙利华人生活尤其是工作中扮演着重要角色。会计师事务所对华商企业公司专业的财会与海关税务方面的服务，解决了华人在异国他乡经营上的诸多难题，为华人、华资企业的发展提供了法律、税务等诸多方面的有力支持和保障。

会计师事务所几乎包含了所有的法律、海关、税务、保险、公司注册、文件修改、居留身份延期等各方面的信息咨询服务，并代理某些出租、出售业务。

华人开办的会计师事务所，所有会计师均来自于当地持有会计师资格证件的匈牙利人。事务所华人员工从业人数不多，但这些事务所为华人的公司经营运转担负着重要的责任。他们比较准确地把握当地政治、经济政策的走向，在合法应对税收方面为华资公司提供了具有指导性的意见和建议。近年来，随着经济环境的变化，华人公司、商业市场面临整合、升级，过去小而全的公司形态逐渐被优而精、大而强的形式替代。从我们咨询过的几家有代表性的会计师事务所得到的信息看，在大浪淘沙的市场经济面前，一部分缺乏竞争力的华人公司企业将逐渐被淘汰，另一部分公司则正在朝着优质、健康、专业和规模化的方向发展。

第五是旅游服务业。

匈牙利旅游资源丰富，早在2003年，匈牙利即第一个成为中国在中东欧的旅游目的国。2004年，海南航空开通了北京—布达佩斯直航，从此中国出境游客、政商人员以及匈牙利乘客往返于北京与布达佩斯之间就变得更为便利。旅游人数尤其是中国对匈牙利的出境游增长快速。2014年中国—中东欧国家旅游协调中心在布达佩斯设立，2018 年又逢中国—欧盟旅游年。这些都为宣传、鼓励中国游客前往匈牙利提供了更大的可能。与之相适应的旅行机构、导游服务成为热门需求。目前在匈牙利的华人旅行社超过 50 家，有效运营、效益良好的有 20 余家。从事中文导游的人数有 300 多人，旅游旺季更高达 400 人以上。他们来自匈牙利华人社会的各个层面，从学者、教师、业主到学生、厨师、推销员纷纷投身于导游行业。他们在旅游旺季时紧锣密鼓地抓紧工作，淡季时主动参加旅游专业知识培训，提高自身素质和外语水平。

预计未来的几年，这支队伍的数量、质量会不断提高。尽管他们的工作会受到来自国内旅行社培养的领队、地陪的冲击挑战，但他们对欧洲地域文化、风土人情的了解甚至研究还是难以替代。他们为今后大批来自中国、亚洲不同层面的华人游客提供服务打好了基础，做足了功课。

与旅游业相适应的旅游运输、旅游产品经销也已被匈牙利的华人重视、开发出来。目前有三四十家华人旅行机构从事着上百辆中小巴士的出租业务服务，华资旅游产品纪念品商店、免税商店的出现，预示着以服务华人游客为目的匈牙利旅游市场前景看好。

第六是物流、仓储、电商。

物流运输、仓储从一开始就伴随着匈牙利华人的贸易活动，是他们的商品从国内工厂到国外自己公司仓库，再到客户手中必须经历的过程。近年来随着电子商务等新销售模式的出现，物流、储运也得到了规模化、专业化、电子网络化等启发式的快速发展。

在传统物流仓储维持的同时，由匈牙利华人投资的新的更大的仓储、物流中心也纷纷建立起来。如某华资商贸物流园区，不仅在匈牙利建立了自己的货场、仓储区，还把业务延伸到周边国家。同时他们还把跨境电子商务和物流有效结合起来，为华人在新时期开拓新的经营模式树立了典范。

一些新兴的中小型华人物流公司近几年在匈牙利也发展迅速。在布达佩斯这样新型的物流公司迄今已发展到9家，业务量扩大的同时也在客户群、物流商品的选择方面，努力朝专业化、特色化的方向发展。

第七是中医药业。

中医药应用在匈牙利起步虽然较晚，但发展迅速。中医药在匈牙利有着良好的社会基础，政府大力扶持，民众也喜爱中医药，因为他们能从中医药的保健、康复和治疗中获得健康的生活。

中医在匈牙利的落地、生根与发展首先要归功于张缙教授——联合国教科文组织、非物质文化遗产代表人物，黑龙江中医研究院原院长，世界著名针灸专家。1986 年张院长第一次来匈牙利讲学，1987 年黑龙江中医研究院就开始了与匈牙利的医疗合作。1988 年，黑龙江中医科学院（原名为黑龙江中医研究院）与匈牙利匈中友好协会艾瑞先生联合在布达佩斯开设了第一家中医诊所，并选派了 20 多名优秀的中医师来匈服务。从此，中国传统医学历史性地走进了匈牙利的健康诊疗领域。

1997 年，匈牙利卫生部根据社会福利部颁发的第 11/97 号法令和政府第 40/97 号法令，正式批准中医药学作为一门硕士研究生课程在匈牙利著名的布达佩斯森梅维斯大学开设，匈牙利成为首个承认中医师的欧洲国家。

2002 年 9 月，在于福年博士（首任匈牙利中医药学会会长）和侨居在匈牙利的中国中医药学者、中医医师及学习中医的匈牙利医生的共同努力下，匈牙利中医药学会成立。它的成立为中医药在匈牙利的合法化奠定了基础。

2005 年，匈牙利中医药学会分别成功地加入了匈牙利医学会联合会（MOTESZ）和世界中医药学会联合会（WFCMS），中医药学会被匈牙利政府纳入学术性团体。这在欧洲国家中首屈一指。

2006 年，匈牙利东方国药集团董事长陈震博士（匈牙利中医药学会秘书长），荣获欧盟发展委员会授予的“欧洲发展优秀成果奖”。这是欧盟对中医药学在欧洲的传播发展给予的极大肯定。早在 1993 年，陈震博士、王帆博士夫妇就创建了匈牙利东方国药集团。现拥有欧洲境内唯一一家符合欧盟 GMP（Good Manufacturing Practices，生产质量管理规范）标准的天然药物制药厂，其产品多达 300 余种。在欧洲 17 个国家成功注册了 90 个专利，具有自主知识产权。产品的营销网已辐射到包括匈牙利、斯洛伐克、罗马尼亚、波兰、芬兰、斯洛文尼亚、克罗地亚、希腊、塞浦路斯等国家的 5000 余家药房及天然植物药连锁店等主流医疗网络。陈博士药房（DR. CHENPATIKA）作为匈牙利华人自主创建的品牌，已成为当地医药健康产业的知名商标。

匈牙利的中医诊疗从 20 世纪 80 年代开始至今方兴未艾，在当地民众中的影响越来越大。很多疑难杂症在西医无可奈何的情况下，转投中医诊疗后收到意想不到的效果。截止到 2017 年 10 月，在匈牙利取得行医执照由华侨华人开设的中医诊所有 19 家，具有中医保健性质的自然疗法保健诊疗的单位近 200 家。开设者既有华人也有匈牙利人。

2013 年 12 月 17 日，匈牙利中医药合法化的法律正式在国会通过。如今，中医药和中医诊疗在匈牙利的发展前景广阔。

（2）华侨华人的生活及融入当地主流社会的状况

匈牙利华侨华人生活得自由自在，幸福指数较高。这里的华侨华人几乎不参与当地的政治活动，精神放松，思想自由。除了餐饮业外，华侨华人的工作每天基本上都是八九个小时，工作之余时间宽松，可以充分按自己的意愿安排生活。大部分华侨华人休息时间会选择各种娱乐、体育运动、健身、夜校学习、文艺排演、聚餐聚会等。据称这些与西欧国家华侨华人都有很大不同。一次国内来的一个春节慰问演出团在演出后告诉匈牙利的华人：不来匈牙利想象不出晚 7 点钟的演出可以正常开始。因为他们到西欧一些国家，很大一部分华侨华人经营餐饮业，工作时间较长。慰问演出只能安排在大部分华侨华人下班后的时间。演出结束，演职员回到酒店通常是凌晨以后的事。此外，这里的华侨华人生活工作相对集中，华人之间、华人与匈牙利各界友人之间的各种文娱活动丰富，这些都让匈牙利华侨华人由衷地体会到了他们生活的自由与满足。

匈牙利华侨华人普遍都经营着自己的公司，有比较可靠稳定的收入来源，可以轻松维护家庭的消费支出。在匈牙利华人新移民到来的 2014 年以前，90% 以上的华人家庭从事商贸、物业地产、事务所、餐饮、旅游等工作，据匈牙利 Szent István Egyetem Gödöllő 研究人员的一项调查报告显示：匈牙利收入较高的妇女（人均收入在 808 欧元以上）认为维持基本生计每月需要 270 欧元（国家最低工资水平），若要拥有优质的生活便需要 910 欧元。收入较低的妇女（人均收入约 485 欧元）认为 235 欧元已经可以维持生计，若达到 737 欧便可以拥有优质的生活。在匈牙利生活的华人达到这一标准显然不难。

5. 匈牙利华侨华人与国内的联系

匈牙利华侨华人与国内联系向来紧密。以中国商品进出口经营起家的华侨华人，与国内供货外贸企业、生产企业、地方政府等普遍联系密切。近年来，随着经营行业的分工细化，与国内往来与联络的方式也各有不同。但无论怎样，匈牙利华侨华人想尽办法，利用多渠道与国内保持联系，竭力维护自己的“中国身份”。

6. 匈牙利华侨华人在“一带一路”上传播中国文化，在搭建沟通交流平台过程中所做的贡献

前面提到匈牙利华侨华人在各自的行业领域工作中，为促进祖国的建设发展，为加强中匈经贸往来和发展友好关系，为新时期参与“一带一路”建设，正

在进行不懈的努力。同样，匈牙利华侨华人在传播中华文化、搭建沟通交流平台的过程中同样做出了巨大努力。

无论走多远，华侨华人都不会忘记自己来自于一个拥有古老文明的东方国度。走出国门后的华侨华人既要学习和吸收西方文明、文化，融入主流社会，同时，也把中华传统文化的传承、传播视为己任。为此，匈牙利的华侨华人正从不同的方面完成着共同的心愿。以下仅举几例加以说明。

其一，由少林寺第32代弟子王德庆先生创建的匈牙利国际禅武联盟，目前已发展成为在全球20多个国家建立联盟会、正式会员多达2万人的禅武文化联盟组织。在世界各地培训过的洋弟子累计数十万人。2003年王德庆先生被匈牙利警察总署聘为总教练，训练特种部队和全国警界精英，把中华禅武文化融入普通市民和主流高层社会的生活、工作，成为海外华人传播中华传统武学的典范。王德庆先生对祖国一直怀有赤子之心，在坚持面向欧美传播中华文化以及推动中匈警务交流的同时，积极、热心参与中方的侨务工作。2009年5月，在广东省侨办的大力协助下，王德庆先生在广州创建的“广东禅武文化中心”落成。禅武国际联盟这一在海外大放异彩的民间组织反哺故国的文化愿景，由此得以在中华大地上变为现实。禅武联盟成立近 20 年来，把坚持传播中华武术和潜心修禅相结合，让华人后代和外国朋友在学练中华武功时更注重追求精神、心灵、意志方面的追求。传授中国功夫的背后更是在传递东方传统文化和中华文明。

其二，布达佩斯光华中文学校是匈牙利华侨华人子弟学习中文的一所具有代表性的业余中文学校。目前在册学生 356 人，从学前班到八年级。学校开设以中文为主，另设数学、英语、中国史地相应辅助科目。据光华学校张庆斌校长介绍，他们是“唯一一家在海外继续使用国内统编教材的学校”。此外，他们还开设了英语班、美术班、书法班、国际象棋班、舞蹈班、武术功夫班、舞龙舞狮班，让孩子们根据自己的兴趣选择学习，以发挥他们各自的长处。自 1998 年办校以来，光华中文学校在其师生的共同努力下，克服了重重困难，让一批又一批的华人子弟在匈牙利顺利、有效地接受了中文教育。就读过光华学校的许多学生，回到中国后很快融入了国内的环境。还有的同学成功迈入了清华、北大、人大、复旦、浙大等国内名校以及欧美著名学府。也许此后不论他们走到哪里，取得什么样的骄人成绩，他们都不会忘记在匈牙利光华学校学习中文的这段历史。

其三，匈牙利华星艺术团是一支由国侨办倾力打造的华人文化艺术团体，是“文化中国”体系中的重要组成部分。艺术团相继成立了中国民族舞蹈团、现代舞蹈团、儿童舞蹈团、旗袍秀团、腰鼓舞团，包括130多名团员、8个训练班。建团以来，他们凝聚当地华社的艺术骨干、团体，利用业余时间编排、训练，参加大型文化艺术活动、演出、比赛、晚会，其舞蹈获得过匈牙利和国际舞蹈大赛金奖等众多奖项。受到所在国相关部门和中国驻匈牙利大使馆的肯定、褒奖。他们在传播中国民族文化艺术、丰富华侨华人业余文化生活的同时，正努力打造一个开放的中匈文化艺术交流的平台。

其四，中欧文化教育基金会，一个由当地知名华侨华人联合创办的民间文化教育交流组织。在中匈、中欧间开展文化、教育、体育、艺术等国际合作与交流工作，交流项目全面，在匈牙利文化教育界和华人社区具有很强的影响力。

中欧文化教育基金会把宣扬重视华侨华人新生代教育作为工作重点，指导华侨华人子女从小学、中学至大学的选择，务实、可行、有效。对优秀的“华二代”在华社群体中广为介绍、宣传。他们组织各类文化活动，搭建平台，提供机会，让华侨华人的优秀子女展示自己，起到榜样示范作用。

他们立足匈牙利，辐射全欧洲，在经济、教育、文化、艺术等领域与中国成功对接，依托自身多元文化的优势，搭建了优势明显、独具特色的东西方文化教育交流的平台。

匈牙利华侨华人在“一带一路”建设过程中，还将经受来自多方面、各种各样的考验，但从量变到质变一定会因匈牙利华侨华人的努力而实现。

（二）塞尔维亚华侨华人情况调研

1. 塞尔维亚华侨华人情况概览

塞尔维亚是前南斯拉夫的中心国家，在改革开放初期，南斯拉夫是在欧洲少有的实行社会主义的国家。当时的南斯拉夫是欧洲强国，也是欧洲少有的对我国实行开放政策的国家。改革开放以后，南斯拉夫是第一批与我国开展全面交流合作的国家。事实上，中国在城市建设、社会管理方面的经验在那个时代很多是从南斯拉夫获得的。同样，南斯拉夫也是第一个接受中国对外公派留学生的国家。20 世纪 80 年代初，一批当时的大学生（有一部分是中学生）来到南斯拉夫的各个加盟共和国（最多的还是来当时的南斯拉夫首都贝尔格莱德）进行学习。最初，这些学生都是学习语言，然后逐渐学习不同的专业，如建筑、新闻、城市管理等科目。这些学生学成之后，纷纷回到中国，为当时的中国国内建设贡献了巨大的力量。这些人后来有从事外交工作的，有从事社会管理工作的，也有很多从事新闻工作的，至今仍有一批老记者活跃在前南斯拉夫的那片土地上。还有极少数学生则留在了塞尔维亚，至今仍然为中塞两国的交流做着贡献。

（1）当地从事商贸活动的华侨华人情况

在塞尔维亚从事商贸活动的华侨华人历史悠久，并且经历了几个阶段。

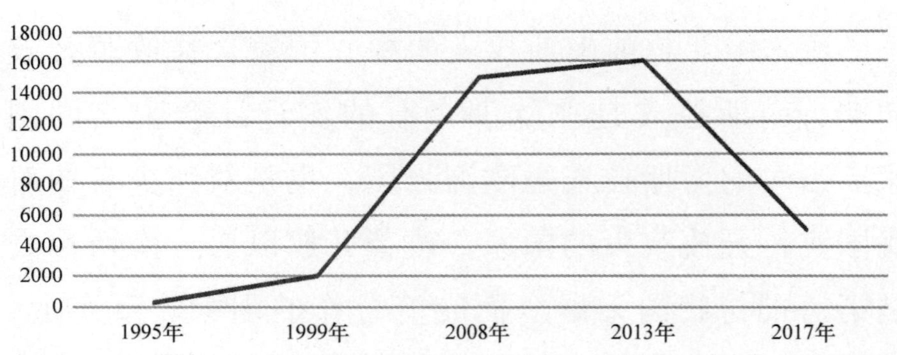

图 1　从事贸易活动的华侨人数的变化（单位：人）

①中华人民共和国成立前就有华侨华人来塞尔维亚务工。

早在 20 世纪 30 年代，就有零星的浙江商人远渡重洋来到当时的南斯拉夫王国，从事劳务活动。笔者结识的一名塞尔维亚妇女，她父亲就是浙江青田人，到南斯拉夫后娶了一名当地女子，这名妇女现在已经

70 多岁了，她还有当时的国民政府进行翻译的中文证件，给她取名叫作“勿忘我”。新中国成立后到改革开放前，来到南斯拉夫的华人较少，改革开放后主要是一批学生，来经商的华侨也很少。原因主要是当时中国百废待兴，物资匮乏，本身没有大量商品可供出口。

②南斯拉夫解体后第一批华商来塞尔维亚。

1991 年，南斯拉夫开始解体。当时，中国的生产力水平快速提高，中国廉价商品的价格优势开始显现。南斯拉夫解体后，各个共和国爆发战争，再加上西方国家制裁，南斯拉夫特别是塞尔维亚共和国出现了严重的商品短缺。在这样的情况下，1995 年前后，第一批华商来到当时的塞尔维亚共和国（仍属于南联盟）开始从事商贸活动，但数量仍然很少，大约只有 300 人。1998 年，由于在塞尔维亚的华侨华人不断增多，当地华侨华人于是在贝尔格莱德的 70 号街区购买了一栋大楼，集中销售中国商品。1999 年，北约对南联盟进行轰炸，米洛舍维奇政府下台，战争进入尾声。在这一情况下，一大批来自浙江的华人来到塞尔维亚，将大量来自中国的商品运到塞尔维亚进行销售。当时，旅塞华侨华人已经达到了 2000 人。这些人除了两三百人在 70 号中国商城做批发生意外，大部分是到塞尔维亚的不同城市、乡镇的集贸市场做零售生意。

销售的商品主要是从中国运来的百货商品、服装、玩具等。

③21 世纪以来旅塞华侨华人进入高速增长阶段。

进入 21 世纪以来，由于中国经济发展水平进入高速发展期，生产力大大提升，而塞尔维亚却仍然处于经济复苏阶段，当地百姓收入很低（2000 年塞尔维亚人均收入在 250 欧元左右），所以急需大量的来自中国的廉价商品。因此，从 2000 年到 2008 年，来塞尔维亚从事商贸活动的华人快速增长。到 2008 年，旅塞华侨华人已经达到了 15000 人。事实上，由于部分华人是通过偷渡和其他非正常途径来到塞尔维亚的，所以中国使馆和当地警察部门并不掌握全体华侨华人的情况。据估计，当时最高峰时在塞从事商贸活动的华侨华人可能有 20000 人。

④金融危机后旅塞华侨华人进入模式转变阶段。

2008 年开始的世界金融危机蔓延到欧洲后，对塞尔维亚也造成了重大打击。2009 年塞尔维亚的 GDP 增长率为 -3%。经济不景气，对于中国商品来说其实是一个利好，意味着当地百姓没有经济能力购买昂贵的西方产品，而只能更多地购买来自中国的商品。而这个时期中国商品的质量不断提升，已经不是传统“低质低价”商品的代表，因此虽然受到金融危机的影响，中国商品反而更好卖了。因此，2008 年至 2012 年，来塞尔维亚进行商贸活动的华侨华人不但没有减少，反而是小有增加，但还比较稳定。也是在这个时期，从事贸易销售的华商开始走精细化路线。2008 年以前，不管是在 70 号中国商城经营批发的，还是在地方上从事零售的华商，都是“一个店铺什么都卖”，“什么好卖就卖什么”。2008 年以后，70 号中国商城的华商开始进行整合，很多商家开始销售固定的品类，而不是什么都做，从品类上不同商户开始分工，这使得在 70 号中国商城销售的商品的层次不断提高。也就是从这个时候开始，在地方上开设百货超市的华商越来越多，即从摆地摊式的小本经营变成进行大型仓储式的超市。应该说，2008—2010 年是旅塞华商经营模式的一个分水岭。

⑤执法环境和当地民众需求的提高带来了旅塞华侨华人的“供给侧改革”。

2013 年开始，随着塞尔维亚加入欧盟的谈判进入了新阶段，塞尔维亚官方对旅塞华商经营的合法性提出了更高要求。以前，由于塞尔维亚海关关税很高，特别是针对中国商品征收的关税特别高，所以从事贸易的华商或多或少地都会有逃税漏税的行为。2013 年塞尔维亚警方突击检查了大量华商仓库、铺面和税务记录，对大量华商进行了处罚，并且进一步严格了海关保税手续。另外，塞尔维亚经过几年的发展，经济逐渐复苏，人民生活水平开始缓步提升，对于绝对低价的中国商品的需求也有所降低。这样一来，单纯从事贸易的华商的经营便难以为继，大量从事小本生意的华商开始离开塞尔维亚，纷纷前往西班牙、南美洲国家等地开展新的商贸活动。

2013—2017 年，旅塞华商人数大量减少，到 2017 年年底，华侨华人在塞尔维亚从事商务活动的已经降到了 5000 人。值得一提的是，随着华商人数的减少，华商销售的中国商品的层次却在不断提高，因为更高层次的商品意味着更高的利润，同时也需要更大资本的投入。因此，目前仍在塞尔维亚经营商品贸易的华商大多已经有一定的资本实力，并且已经开始从简单的货物贸易向在当地投资建厂，以及从向塞尔维亚出口中国商品慢慢开始向中国进口塞尔维亚商品。也就是说，在环境和需求的变化中，当地华商也主动地开始了“供给侧改革”。

总体看来，华侨华人在 20 世纪 90 年代中期大批进入塞尔维亚后，在 20 世纪 90 年代末至 21 世纪初达到高峰。由于连年战乱，加上受世界金融危机和欧洲债务危机的影响，许多华侨华人选择离开塞尔维亚，故塞尔维亚华侨华人人数的发展轨迹呈下降趋势。但随着两国关系的发展，以及塞尔维亚国内经济的复苏，尤其是“一带一路”倡议在塞尔维亚的落地建设，带动了中国人移居塞尔维亚经商发展。[①]

(2) 当地华侨华人从事其他领域活动的情况

旅塞华侨除了从事贸易活动之外，基本是从事餐饮服务。主要的中餐馆都是2006年以后在塞尔维亚国内开业的，目前，在塞尔维亚全境大概有50家中餐馆，在首都贝尔格莱德成规模的中餐馆大概有10家，另外还有10家快餐店。从事餐饮业的华侨人数大约有300人，数量上不多。

另外，还有两家中医院，有10名左右的中医在贝尔格莱德开展中医门诊业务。

(3) 留学生情况

上文提到，第一批来塞尔维亚留学的留学生还要追溯到改革开放初期。从那以后，主要以来塞尔维亚学习语言的学生居多。近年来，随着国家对于留学的支持力度不断加大，再加上中塞两国交流增多，目前利用留学基金委项目到塞尔维亚来留学的公派留学生每年有20人左右。而来塞尔维亚自费留学的学生大约有40人。

(4) 旅塞华侨华人社团情况和文化活动情况

旅塞从事商务活动的华侨有很多商会组织，也有很多社团组织。目前，在塞尔维亚正式注册了的社团

① 张祥熙：《"一带一路"视阈下的塞尔维亚华侨华人》，《八桂侨刊》2018年第1期。

组织主要有：塞尔维亚中国和平统一促进会、中塞文化交流协会、塞尔维亚华人妇女协会、塞尔维亚妇女联合会、塞尔维亚华人青年联合会等。商会主要有塞尔维亚中国华商总会、塞尔维亚温州商会、伏伊伏丁那华人商业联合会、丽水商会、华人社团联合会、塞尔维亚华人商业联合会、塞尔维亚浙江省社团联合会等。

关于在塞尔维亚的华文媒体，《欧洲时报》曾于2010—2013年在塞尔维亚发行过一段时间，现已停刊。目前旅塞华侨华人尚无固定的报纸和刊物。

（5）旅塞华侨华人的主要籍贯

来塞尔维亚从事商贸活动、餐饮业以及务工的华侨华人主要来自于浙江省。目前还在塞尔维亚从事经营活动的华侨，95%来自浙江省，剩下的来自北京、黑龙江、江苏、上海、四川等省市，但数量很少。来自浙江省的华侨中，有70%来自浙江青田，另外有20%来自浙江丽水，还有10%来自浙江温州。

（6）旅塞华侨华人的主要活动区域

目前在塞尔维亚的华侨华人大约有5000人，其中约2000人生活在首都贝尔格莱德，其余约3000人生活在地方的各个城市和乡镇。其中，在地方上主要集中在伏伊伏丁那自治省（它是塞尔维亚经济最发达的自治省）以及潘切沃地区和南部邻近科索沃地区。

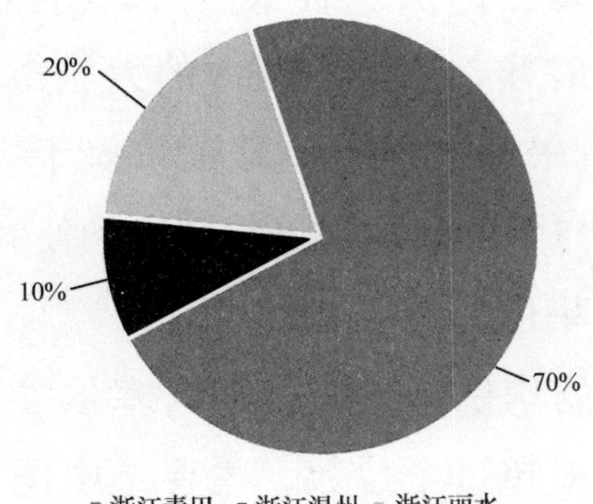

图 2　塞尔维亚华侨华人籍贯情况

2. 旅塞华侨华人与国内的联系

（1）旅塞华侨华人与国内的往来情况

由于旅塞华侨华人大多是第一代和第二代，还没有很多在塞尔维亚出生和长大的华侨华人，大多数华侨华人在塞经商都是“夫妻店”，他们的老人大多还在国内，甚至有些人的孩子也在国内上学，因此，他们与国内的联系非常紧密，大多数华侨华人每年都要回国。现在科技水平发达，华侨华人每天在微信上与国内的亲朋好友交流比较通畅。另外，由于绝大部分旅塞华商从事的是贸易活动，所以与国内业务上的往来非常频繁。从事百货业务的华商一般一年回国 3—4 次，直接去浙江“进货”，从事专业性贸易，已经跟国内厂商有固定联系的华商则不经常回国，但大多数华商在春节时都会回国“省亲”。因此，70 号中国商城到了春节的时候，也会像国内的大城市一样，成为一座“空城”。中塞之间互免签证协议于 2017 年生效后，华侨华人与国内的往来更加频繁和便利。

（2）旅塞华侨华人的国家认同感

旅塞经商的华侨华人中，加入塞尔维亚国籍的非常少，据了解不超过个位数，主要是中国男性娶了当地女性后加入了当地国籍。大多数华商看重“中国人身份”，再加上每年都要回国，所以与国内的联系和对国内的感情很深。值得一提的是，当地华商政治意识较高，对反华势力和意图分裂国家的行为深恶痛绝，并且主动反对。曾有来自周边国家的非法分子到 70 号中国商城散发宣传资料，被华商发现后，立刻报告商会主席，并叫来警察将这些非法分子驱离。另外，曾有西方背景的电视台，来到 70 号中国商城想找一些华商，要求他们表演“中国人穷酸的样子和到处脏乱差的景象”，并且许以高额报酬，被这些华商严词拒绝，并叫来市场管理人员向其他华商宣传，要求华商不要上这些人的当，抹黑中国形象。特别是国内高访团来时，各个商会都会提前开会，要求华商维护自身良好形象，妥善处理内部矛盾。在 2016 年习近平主席访问塞尔维亚时，大量华商自发组织进行街头巡逻，甄别意图对代表团行程进行破坏的人员。

3. 旅塞华侨华人融入当地社会的情况

在塞尔维亚从事商贸活动的华侨华人除了正常做生意外，也经常与当地政府、机构、企业和事业单位进行交流，努力融入当地主流社会。除了与警察、税务部门保持良好关系外，华侨社团和华人领袖与当地党派、政府的高层交往也颇为频繁。

例如，塞尔维亚统促会、塞尔维亚华人商会每年举行新年招待会，塞尔维亚总统和前总统、议会议长、各个部委的部长以及地方的省长、市长等都会择机出席。特别是上一任总统尼科利奇，经常出席中国商会和社团组织的晚宴和活动，在当地最豪华的中餐馆“香格里拉饭店”开业之际甚至还来剪彩祝贺。应该说，旅塞华侨华人在与当地政府的关系层次方面是极其高的。

除了高层交往，旅塞华侨华人还不忘社会责任，在塞尔维亚国家和社会遇到困难的时候提供必要的帮助。2008 年塞尔维亚遭遇百年不遇的水灾，各界损失惨重。数个华商协会联手呼吁旅塞华商踊跃捐款，募集了大约 10 万美元的现金和大量物资对塞尔维亚民众进行帮助，受到塞尔维亚从政界到民间的一致高度赞扬。平时，各个商会组织还定期对当地残疾人、孤儿等需要帮助的社会群体开展慈善活动，取得了很好的社会效果。

不过，由于在塞尔维亚经商的华侨华人大多数来自“侨乡”，所以大部分人是念完高中甚至是初中就到塞尔维亚跟随长辈一起做生意，总体文化水平不高。据了解，目前在塞尔维亚经商的华侨华人中，拥有博士学位的有 1 人，有硕士学位的有 3 人，有本科学位的有 10 人左右，其余华商中，70% 是高中毕业，20% 是初中毕业，10% 是小学毕业。在通晓语言方面，大多数华侨华人是来塞尔维亚后，通过业余时间和生意往来学习的当地语言，少量华侨华人在当地经过正规的语言训练，能够与当地人进行正常语速的沟通。所以，文化层次相对较低、语言水平不高是当地华侨华人社会交往的困难所在。虽然有少数几个华人领袖能与当地政要自由沟通，但大多数华商还是在中国人的圈子里活动，与当地人接触较少。

另外，由于很少有华人加入当地国籍，因此没有中国人进入当地政坛的情况。同时，中国人在当地人开的公司和服务类机构务工的也很少，一般都是中国人自己开公司或者中国人给中国人打工。

总体上来说，旅塞华侨华人与当地主流社会的交往比较密切，但还没有进入或者成为当地主流社会的一部分。

4. 旅塞华侨华人及中资企业参与“一带一路”建设的有关情况

(1) 中资企业在塞尔维亚开展“一带一路”建设和投资的情况

自习近平主席提出“一带一路”倡议以来，大批国内大中型企业响应号召，来到塞尔维亚，与当地政府和企业一起合作开展建设。

到目前为止，在塞尔维亚设立代表处或者分公司的中国企业已经覆盖了金融、通信、基础设施建设等各个领域。其中，金融行业有中国银行、中国进出口银行、国家开发银行。通信类企业有中兴、华为。基建类公司比较多，主要有中国机械设备工程股份有限公司、中国交通建设股份有限公司、中国路桥工程有限责任公司、山东高速集团、中国土木工程集团、中国铁路国际有限公司、中国电建集团国际工程有限公司、中国葛洲坝集团国际工程有限公司、中国建筑股份有限公司、中国水利电力对外公司、中国电力工程有限公司、东方电气、中国能源建设集团广东省电力设计研究院、中国铁路设计集团有限公司、中冶建工集团有限公司、上海电气电站工程公司、中车株洲电力机车有限公司等。航空类企业有海南航空、中交天津航道局有限公司、中国航空技术国际工程有限公司等。另外，河钢集团、第一拖拉机集团有限公司、南瑞集团、同方威视、中国国际医药卫生公司、北京恒华伟业科技股份有限公司、金风国际控股（香港）有限公司、浙江大华技术股份有限公司、易瑞国际电子商务有限公司等一批在地方上富有知名度的企业也在塞尔维亚设立了分公司和办事处。

过去几年来，中资企业在塞尔维亚落实“一带一路”倡议方面取得重大成果。由中国路桥集团有限公司承建的泽蒙—博尔察大桥，是中国在欧洲建成的第一座大桥。由中铁集团等中国企业联合体参与建设的匈塞铁路是中国在欧洲计划建设的第一条高铁。河钢集团收购了塞尔维亚钢铁厂，解决了钢厂5000多名员工的就业问题，并且经营当年就实现盈利。而由路桥、山东高速、中国机械集团承建的一些基础设施项目如托斯托拉茨火电站改造、贝尔格莱德环城公路、贝尔格莱德热力管道改造项目、E763高速公路等，均是对塞尔维亚极其重要的基础性项目。据测算，目前在基础设施领域，中资企业承建的项目已经占到塞尔维亚在建项目的一半以上。例如，匈塞铁路项目标的20亿欧元，工业园区标的20亿欧元，E763高速标的10亿欧元等。而河钢集团收购了塞钢以后，2017年的产值占到了塞尔维亚全国GDP的2%。

目前，各个中资企业在塞尔维亚派驻的常驻人员已经超过1000人，并且在不断增加当中。同时，这些企业还雇用了大量的当地员工，为解决当地的就业问题贡献了很大的力量。同时，中资企业参建的项目不但升级了当地的基础设施，还为当地财政带来了大量税收。

（2）当地华侨华人参与“一带一路”倡议的有关情况

如果说国有企业、大中型民营企业是将国内的优势产能、优良技术带到塞尔维亚的话，那么塞尔维亚当地的华侨华人则更多地将塞尔维亚的优良产品传播到中国。

塞尔维亚是一个农业和畜牧业比较发达的国家，其红酒、牛羊肉均质量上乘。目前，已有华商开始从塞尔维亚向中国出口当地的红酒和牛肉。数量已经达到了每年 200 个集装箱左右。

塞尔维亚还有非常好的自然资源，如大量的林业资源。目前就已经有华商将塞尔维亚优质的木材销往中国。

除了商贸往来，当地华侨华人还积极通过文化交流拉近两国关系。如当地华侨华人组织的社团“中塞文化交流协会”每年通过举办画展、书展、中国新春庆祝活动等形式，向塞尔维亚民众传播中国文化，使当地人有了更直接接触和了解中国文化的途径。

另外，在塞尔维亚成立的两家孔子学院也对中塞两国文化交流起着非常重要的作用。目前，贝尔格莱德和诺维萨德两所大学与国内的院校合作建成孔子学院。不过，孔子学院对于中文和中国文化的传播并没有止步于大学校园，而是覆盖了塞尔维亚全境。目前，孔子学院已经在塞尔维亚开设了 16 个教学点，覆盖了从幼儿园、小学、中学到大学的各个年龄阶段，教学的内容也涵盖了汉语语言、中国文化、中国历史、中国民间艺术等各个领域，较好地满足了塞尔维亚学生学习汉语和了解中国文化的需求。另外，孔子学院还依据学生年龄及心理特征精心设计课程，召开合作校长座谈会共议汉教事业，还通过参加高中学生家长会，讲解汉语学习的益处和课程介绍，全方位地开展中国文化宣传。

（3）华侨华人参与建设“一带一路”的典型案例

在塞尔维亚当地的华侨华人中，塞尔维亚贝尔麦克中心的周海鹰总经理是一个将个人发展与“一带一路”结合的典型例子。

周海鹰是第一批来到塞尔维亚开展商贸活动的华人。经过几十年的发展，他在塞尔维亚首都贝尔格莱德市建立了一个新的中国商城，叫作贝尔麦克中心。这里环境整洁，销售的商品大多是来自国内的优质商品，还有很多来自意大利、土耳其等周边国家的高品质商品。他本人还经营着一家大型卫浴仓储超市。据周经理介绍，他的卫浴企业从来自中国国内和塞尔维亚本地的 20

多个供应商进货，销往整个欧洲地区。每年的销售额达800万欧元。他的企业一方面从中国国内采购原材料和备件，另一方面也从当地企业进行采购，有效地结合了中塞两国的不同优势领域，然后产品又销往欧洲，是标准的“全球化”经济的体现。

他说，习近平主席提出的“一带一路”倡议中最重要的几个关键点就是要促进国家间的互联互通。而在互联互通中，金融、信息的联通是尤为重要的。除了经营自己的企业和贝尔麦克中心，他还和浙江省政府积极沟通，推动电子商务在塞尔维亚的推广，推动“跨境通”等模式在塞尔维亚本地落地。他表示，如果国内的更多优质商品能走向塞尔维亚市场，就能大大改变当地人对中国产品“低价低质”的印象，从根本上改变中国形象。而要做到这一点，最好的办法就是利用“跨境通”的平台，在每个领域里面选择出有代表性的、品质优良的商品进行集中采购，再集中到塞尔维亚的市场进行销售。目前，虽然塞尔维亚本地民众通过 AliExpress. com 等平台采购大量小商品和具有创新性的产品，但毕竟是打擦边球的跨境贸易，量不是很大，也无法体现出产品从“中国生产”到“中国创造”的转变。只有大量中国的优秀商品来到欧洲，才能起到规模效应。他本人目前在销售卫浴产品时就积极采用电商模式，将所有产品“上网”，不但方便了本地客户，也使周边国家的顾客都可以通过网络来看货和下单。他表示，有必要建立不同行业、不同领域这样类似的平台，才能更好地推广来自中国的优质产品。

（三）波兰华侨华人情况调研

20 世纪 50 年代以后，随着中国移民政策的松动，有几百名中国知识分子旅居波兰，他们是高校留学生和技术人员。20 世纪 90 年代初期，东欧地区发生剧变以后，大批中国商人来到匈牙利、罗马尼亚，从事中国商品的批发生意。但由于波兰实行严格的签证制度，在这个时期，进入波兰的中国商人数量很少。这些旅居波兰的中国知识分子，在波兰政治体制变革中占得商机，迅速在波兰发展起来。21 世纪头十年，随着中国海外投资的扩展，波兰的签证制度变得更加开放，波兰华侨华人总数开始增加起来，然而总人数远远少于中东欧地区的其他国家。华侨华人在波兰以批发贸易和服务业为主，早年进入波兰的华侨华人现在转型从事服务业，而 21 世纪来到波兰的华侨华人则主要从事批发贸易。随着“一带一路”倡议的落实，在波兰的华侨华人越来越积极参与进“一带一路”建设。

1. 华侨华人走进波兰

同中东欧其他国家相比，波兰不是一个移民目的国，更不是华侨华人移民的重点国家。华侨华人在波兰是少数移民群体，人数甚至没有越南人多。华沙的很多中餐馆是由越南人经营。直到20世纪初期，随着中资的进入，在波兰的华侨华人数量大幅增加，并超过越南人，成为第一大亚裔群体。需要指出的是，波兰最大的国际移民群体是乌克兰人。

（1）波兰的国际移民

传统上，波兰不是一个移民目的国，而是一个移民输出国。几个世纪以来，波兰一直是传统的移民输出国，这个形势到了20世纪90年代早期，才发生变化，社会经济的转型带来了第一批大规模外国移民的出现。尽管如此，波兰依然是移民净输出国，移入人数少于移出人数。

同其他欧盟国家相比，波兰是一个微不足道的移民目的地国家。波兰的国际移民，更多来自欧盟国家、乌克兰、白俄罗斯等国。从图3可以看到，2000—2016年，到波兰永久居住的国际移民中，人数最多的是德国人、英国人、美国人、乌克兰人等。到波兰永久居住的华侨华人数量极其有限，甚至没有进入前18名。

早期波兰的亚洲移民，主要来自越南，然后是中国。波兰的华侨华人数量和捷克人数量相当。如果同越南相比，中国向波兰移民的现象也不突出。从1989

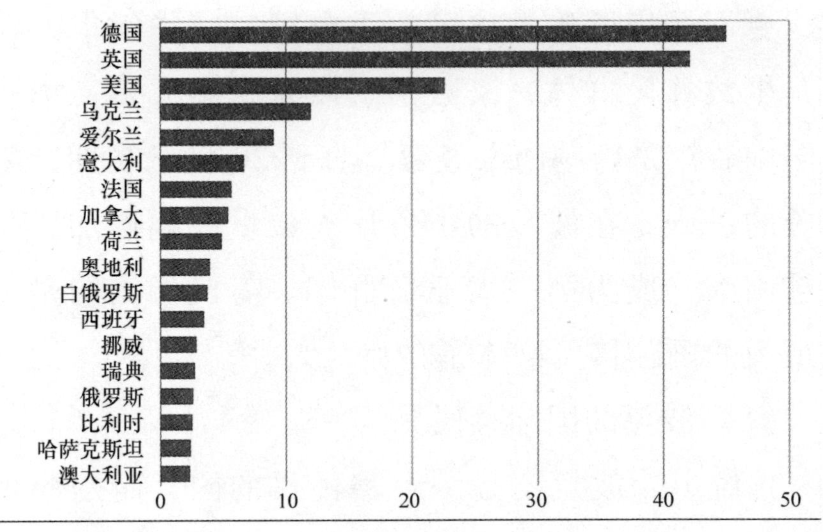

图 3　2000—2016 年从各国到波兰永久居住的移民人数（单位：千人）

资料来源：波兰国家统计局，2017。

年波兰经济转型以后，中国向波兰移民数量非常少，这种趋势一直保持到 2008 年前后。

（2）华侨华人走进波兰

波兰的华侨华人大概有 2000 人，大部分移民来自浙江省，其他还有福建省和广东省。在东欧剧变以前，旅居波兰的华侨华人多为高校留学生和技术人员。因此，20 世纪 90 年代以前，波兰华侨华人多接受过高等教育，拥有专业技能。并且，早期的波兰华商虽然是通过从事中国商品的批发贸易起家，但并没有建立大规模的商品批发市场，而是转型进入了服务业。虽然，波兰街头存在大量小型中式快餐店，但是这些餐馆几乎全是越南人所开，华商主要经营数量较少的高档餐厅。这主要是因为波兰政府在“冷战”时期接受了大批越南难民，而在华侨华人数量不多的时候，越南移民抢先占据了门槛较低的中式快餐业。

20 世纪 90 年代和 21 世纪头十年，是华侨华人进入波兰的两个较为集中的时期。2004 年，波兰华侨华人总数也只有 1300 人左右，远远少于中东欧地区同等经济规模的国家。2004 年以后，波兰加入欧盟，波兰的签证制度变得开放，波兰政府在经济上也转为奉行开放的经贸政策。波兰逐渐成为中东欧国家与西欧国家对接的枢纽，大量的国际移民通过各种渠道进入波兰，建立中转市场，向西进军西欧，向东可以兼顾东欧的市场和货物来源，这批移民中，包括来自中国浙江的商人。同中东欧地区其他国家相比，华侨华人大量进入波兰是 21 世纪头十年的后期，在 2008 年以后。2011 年 6 月，波兰政府宣布了一项非法移民特赦计划。它将给予 2007 年 12 月 20 日以来居住在波兰或 2010 年 1 月 1 日以来被拒绝难民身份的人以临时居住权，包括就业权。尽管受影响的中国移民数量并不庞大，但在以往的欧洲其他国家，这些举措导致了大量移民的涌入，其中也包括中国人。①

---

① Kevin Latham and Bin Wu, "Chinese Immigration into the EU: New Trends, Dynamics and Implications", Europe China Research and Advice Network, 2013 (https: //eeas. europa. eu/archives/docs/china/docs/division _ ecran/ecran_ chinese_ immigration_ into_ the_ eu_ kevin_ latham_ and_ bin_ wu_ en. pdf) .

2. 华侨华人在波兰的分布

由于下列几个原因，波兰一直以来对华侨华人的吸引力不高。第一，波兰市场并不具有吸引力。就亚洲进口商品的批发业来说，该行业被几个来自中国的商人所垄断，并且，这里还有来自亚美尼亚和越南移民的激烈竞争；第二，波兰相对严格的移民政策是一个严重的障碍；第三，波兰当局对中国移民不友好的态度；第四，21 世纪之前，中国对波兰的直接投资数额非常低，20 世纪 90 年代后半期，中国在波兰直接外资来源国中的排名是 20 名之外。

（1）华侨华人在波兰的人数和分布

从中国移民波兰的人数一直非常少。2009 年，在波兰获得登记的中国移民为 400 人，占波兰外来国际移民总数的 0.79%。该数字表明，华侨华人移民是波兰社会的小众群体。需要注意的是，波兰是一个对外国人总体上接受人数很少的国家。2000 年，流入波兰的中国移民占 OECD（经济合作与发展组织）国家华人总数的 0.14%，占欧盟国家华人总数的 0.64%。2009 年，两个数值分别增加到 0.45% 和 2.47%，但所占比例依然非常低。波兰作为潜在移民目的国的吸引力远低于德国、法国、南欧国家，以及中东欧其他同样经济量级的国家。

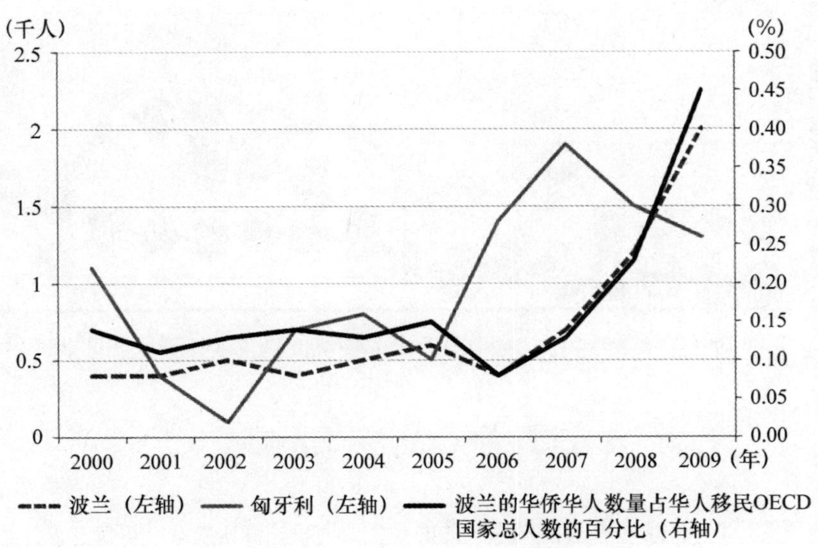

图 4　波兰和匈牙利的华人移民

资料来源：OECD 数据库。

从图 4 可以看到，从 2000 年到 2007 年，每年移民波兰的华侨华人不超过 1000 人，只有到了 2008 年，每年移民波兰的华人数量才突破 1000 人，但移民波兰的华侨华人数量占华人移民 OECD 国家总人数的百分比相当低。

在传统上，越南和印度是波兰重要的亚洲移民供应国。相较于其他亚洲移民，越南人一直是波兰较大的移民群体。从图 4 可以看到，2008 年以后，波兰的中国移民人数有了显著的增加。由于中国逐渐成为亚洲最重要的移民输出国，波兰华人数量的增加不是一个奇怪的现象。然而，鉴于波兰是一个对外国人相对低吸引力的国家，中国移民在波兰的人数增加，使得

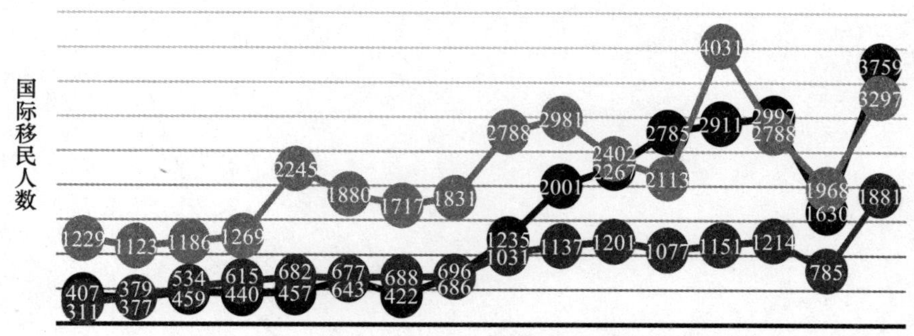

图 5　2000—2015 年每年流入波兰的几个亚洲移民群体数量（单位：人）

资料来源：OECD 数据库。

中国在 2011 年成为波兰第二大重要的移民供应国。2015 年，华侨华人成为波兰最大的亚洲移民群体。同时，随着华人数量超过了越南人，华侨华人群体在波兰社会的重要性越来越高。

2011 年，暂住在波兰的华侨华人总数是 2800 名，占波兰国际移民总数的 0.42%，越南占 0.49%，乌克兰占 27.6%。获得务工许可的华人数量增加显著。同年，只有 26 名中国人在波兰注册为永久停留，占波兰永久居住的国际移民总数的 0.17%，这远低于来自越南的移民占国际移民总数的比例（0.35%），更低于乌克兰。[①]

① Paweł Kaczmarczyk, Monika Szulecka and Joanna Tyrowicz, "Chinese Investment Strategies and Migration-Does Diaspora Matter?", Poland-Case Study, MPC Research Report, 2013/10 (http://www.migrationpolicycentre.eu/docs/MPC-RR-2013-10.pdf).

尽管同欧盟其他国家相比，波兰的经济发展缓慢，但来波兰的务工移民数量不断增长，增长主要是依靠乌克兰人实现的。虽然2007年，来自中国的劳工数量增长明显，但相对于从乌克兰来的劳工数量来说，数量上还相差甚远。但近几年来，中国劳工数量超过越南和印度，成为波兰重要的劳工移民群体。2009—2011年，中国劳工数量占波兰劳工移民总数的15%—17%，2011年，中国劳工数量是越南劳工数量的2倍多。2000年则仅占1.5%—3.0%。

2008年金融危机和欧债危机以来，波兰稳健的经济政策，使得波兰经济在欧洲的表现非常抢眼。加上当时俄罗斯等国政府大规模清查批发市场，打击灰色清关，大批华商将生意和资产转移到波兰。

波兰华侨华人的空间集聚与中国的FDI密切相关。中国投资集中在波兰几个地区，那里也成为华侨华人的移民磁场，如华沙、罗兹、波兹南、克拉科夫等地。波兰所吸引的华侨华人仍然以高技术移民——管理者和职业人士为主。

（2）波兰华侨华人从事的职业

在波兰，外来务工者参与的主要行业有建筑业、批发业、家政服务业、制造业、职业科学技术业、旅馆和食品零售业。长期居住的华侨华人多数集中在批发业和服务业。然而，中国人在波兰的经济参与不仅局限于上述两个行业，中国人还活跃在其他经济领域。

来到波兰的华侨华人除了数量发生变化外，从事的职业也逐年变化。21 世纪头十年，在波兰的华侨华人多为经理和专家，超过华侨华人总数的 70%。该时期的中国移民以从事项目管理和科研工作为主。与之相比，2011 年，从事项目管理和科研工作的华人占比减少到 20%，多数华侨华人劳工是受教育程度不高的工人，主要从事零售业（2500 人），以及从事建筑业（1300 人）。

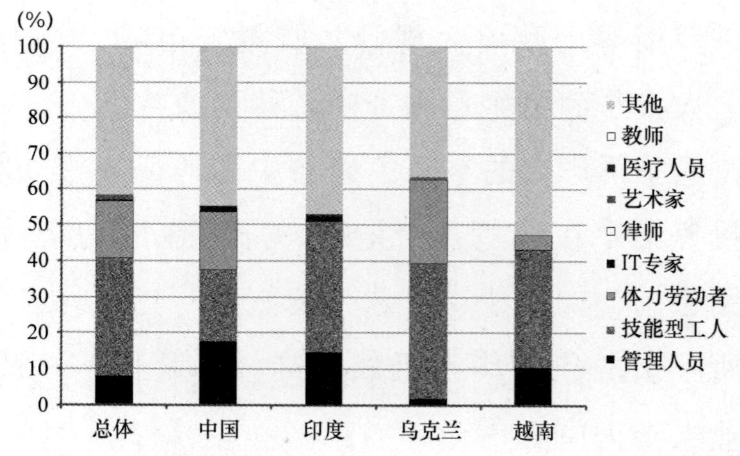

图 6　2011 年获得工作许可的外来工人职业分布

资料来源：波兰劳工与社会事务部数据。

从图 6 可以看出赴波兰的华侨华人从业结构的变化。2011 年，除了经理和专家（占比不足 20%）高于

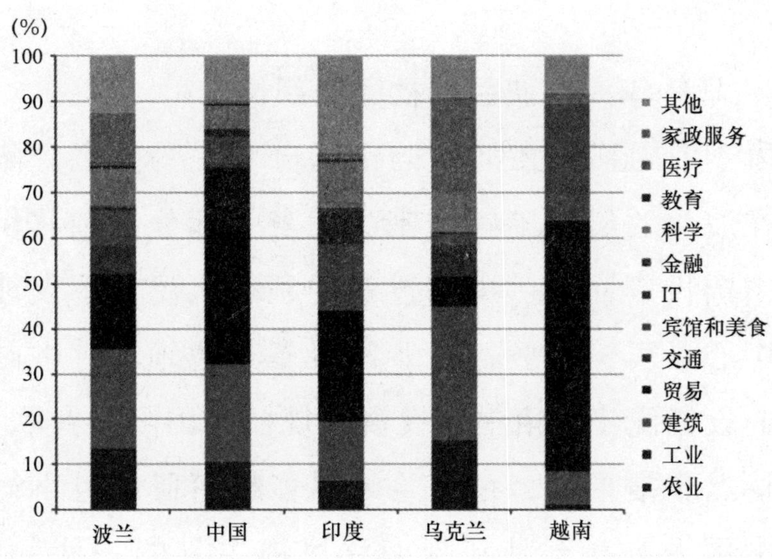

图7 2011年各经济部门获得工作许可的人数

资料来源：波兰劳工和社会事务部数据。

其他移民群体，高素质的工人和制造业工人所占比重均低于其他国家的移民群体。中国工人主要受雇于建筑业和批发贸易业。从事建筑业的工人约占华侨华人总数的20%，从事批发贸易业的工人约占华侨华人总数的40%。华侨华人的情况同乌克兰人相比有所不同，乌克兰移民多为高素质工人。

除建筑业和贸易业外，华侨华人还从事农业、工业、旅馆和食品零售业、科研、健康行业等。来自中国的短期务工人员主要从事建筑业，占获得短期劳动许可的华侨华人总数的90%。这一趋势同中国在波兰投资的变化图谱相应。中国在波兰的投资增长，波兰雇主对来自中国的劳工越来越感兴趣。

3. **华侨华人在波兰的社团组织情况**

由于中国移民在波兰的空间分布更为分散，华侨华人在波兰的组织不够紧密。相当一部分中国移民是跟随中国投资而来。中国投资的领域广泛，不仅涉及贸易中心、宾馆服务，还涉及很多其他领域。中国在波兰的投资优势多集中在投资的规模和国际商业联系。这个特点非常重要，在波兰的很多越南群体也不得不依赖中国人，甚至是在越南移民占主导的一些部门，比如从亚洲进口商品的贸易。

波兰主要的华侨华人社团包括波兰华侨华人联合会、华人联合会、华人青年联合会、青田同乡会、华人慈善基金会、波中商务联合会、波中经济文化协会等。波兰华侨华人联合会是波兰华人社团的核心组织，注重社会融合问题，定期举办波兰历史文化讲座和波兰法律普及推广等活动。波兰华人联合会是以在波兰的华人为主体的非政治性社会团体，简称“华联会”。该联合会的宗旨系为在波兰的华侨华人服务，提高华侨华人社会地位，促进中波两国人民相互了解，进而促进双方经贸和文化交流合作。华联会接纳普通会员、法人会员和名誉会员。凡在波兰居住、工作和学习的华侨华人都可申请加入。

除此之外，在波兰还活跃着一些商业协会。例如，波兰华人旅游业协会，该协会已经在波兰法院注册成功。协会会员包括：资质旅行社、酒店、餐馆、车队、品牌商店、社团、公司、导游。该协会获得波兰旅游局的支持，不定期和波兰各地旅游部门开展波兰华人导游的深度培训工作。此外，还有2005年成立的中波经济文化协会，对于推动中波经济合作和文化交流，发挥了积极的推动作用。

随着在波华侨华人总数的增加，华侨华人在华沙创办了华沙中文学校和华沙长城儿童中文学校等。波兰的中文传媒也进入快速发展阶段，例如，波兰《环球周刊》和“波兰华人资讯网”。

4. 旅波华侨华人参与“一带一路”建设

随着“一带一路”倡议的迅速推进和落实，在波兰的华侨华人也积极参与到“一带一路”建设之中。他们感受到，“一带一路”倡议是他们发展事业的难得机遇。在波兰的华侨华人希望充分利用波兰的交通和地缘优势，在“一带一路”建设中，发挥桥梁作用。

波兰华侨华人致力于批发零售业的转型升级。发展物流中转，探索出新的模式，实现中东欧华侨华人批发零售业的升级，是波兰华侨华人的一个目标。波兰有威望的华侨华人，多为受教育程度很高的人，他们大多精通波兰语和波兰文化，熟悉波兰法律、法规和政策，并且愿意发挥桥梁作用，促进中国企业对波兰的直接投资以及并购。目前波兰的批发贸易仍以中转为主，商业网络是从俄罗斯、匈牙利、罗马尼亚等国的中国商品批发市场进货，经波兰，转卖到西欧或者中东欧周边国家。这样的商业网络过于烦琐，效率低下，成本高，耗时长。波兰华侨华人正考虑直接与国内厂商建立合作网络，利用中欧班列，充分发挥“华沙中国城”的窗口优势，或者直接从国内招商入驻“华沙中国城”，实现点对点的厂家销售模式，充分发挥波兰的地理中枢优势。

波兰华侨华人致力的另一个方向是解决中波贸易不平衡问题。中欧班列开往欧洲的列车车厢几乎满载，然而回程装载率却很低。中国与波兰之间的贸易顺差非常大。实际上，波兰是欧洲的农业大国，波兰的农牧业产品，价格和质量都占优势。然而，波兰的农牧业产品对中国市场的开辟不足。中国消费者不了解波兰产品，习惯于购买价格更高的西欧产品。由于地理和语言差异，波兰商人在开发中国市场方面也存在很多问题，很难进入中国。波兰华侨华人熟悉两边的市场和文化，可以促进两国商人的相互了解沟通，同时解决中波贸易不平衡问题以及中欧班列空载问题。

5. **案例研究**

(1) 案例一：华沙的“GD华沙中国城”

波兰华侨华人从事贸易批发业较越南人晚，但后来居上。其中最值得关注的是，波兰浙商金建敏主持的“GD华沙中国城”，它现在已经成为全欧洲最大的商品城。“GD华沙中国城”的成功经验在于，它的招商对象以大型贸易公司和厂家直销为主，所经营的货物也多是中高档品牌商品。

“GD华沙中国城”作为现代化的物流中转中心，有1000多家大型贸易公司入驻，华商企业不到40%，其他商贸公司多是从世界各国而来。随着中东欧地区的华商不断迁往波兰，波兰华商按照这一模式继续开发其他商品城。目前颇具规模的华商批发中心有华沙市郊的“马克西姆商业批发中心”和“SCC唐人街国际贸易中心”。这两个批发中心的招商对象，以波兰本土企业以及最近几年从其他欧洲国家转移至波兰寻找商机的华商为主。

(2) 案例二：服务行业的佼佼者

20世纪90年代以前来到波兰的华人文化水平较高，他们充分利用当时的社会经济形势，赚得第一桶金后，转而从事服务业，比如餐饮、旅游、培训、法律咨询。因此，波兰的华侨侨领多集中于服务行业。

华都餐厅的柴洪云和老北京餐厅的何京生就是其中的佼佼者。柴洪云毕业于复旦大学，在贸易行业积累资本后，进入高档餐饮业，他创办的华都餐厅连锁店，是波兰最有名气的中餐馆。华人社团规模扩大和中波交流增多创造了新的服务业商机，柴洪云继续开拓旅游、教育、传媒等行业，旗下产业还包括波兰华人资讯网、华沙中文学校和波华旅行社，他本人还担任华侨华人联合会、华人联合会、波中经济文化协会等多个社团的领导职务。何京生毕业于北京外国语大学，留学波兰后留在当地创办了老北京餐厅，并且同时从事制造业和贸易业。

除了餐饮业以外，波兰华侨华人中还有一批专业人士在其他行业取得了优异成绩，例如，“华沙中国城”律师事务所为华人贸易、投资、移民等领域提供法律服务的陈钢律师、“80后”波兰武术国家队主教练何溪静等。

（四）黑山华侨华人情况调研

1. 黑山华侨华人情况概览

黑山不是华侨华人传统移居（民）国家，历史上华侨华人结构较为单一。近年来，随着中黑全方位交往愈发深入，以及“一带一路”倡议和“16+1合作”

在黑落地生根，在黑侨情也逐渐呈现多样化、多元化的特点。

当前，黑山华侨华人可大致分为早期移居和近年移居两类。早期移居黑山的华侨华人绝大部分于20世纪90年代暨南联盟时期抵黑，大多来自浙江青田、福建一带，且常常是同家族、同乡链式移居。南联盟解体后，也有部分华侨华人自塞尔维亚来到黑山发展。不少在黑华侨华人的亲属也分布在邻近国家，如塞尔维亚、阿尔巴尼亚、匈牙利等，家族海外发展情况较好。受前南局势变化以及黑山经济、社会、安全形势浮沉等多方面因素影响，早期移居黑山华侨华人的数量也随之增减。近年来人数略有下降，目前稳定在130人左右，占黑山全国人口的0.02%。绝大部分华侨华人主要从事小商品个体批发、经营，多聚居于首都波德戈里察东南约10千米的图兹市，并开设有小型批发市场。其余华侨华人广泛分布于经济较为发达的西部、南部沿海城市经营中国商品专卖店，少部分分布于内陆城市。

得益于中黑务实合作的全面展开以及“一带一路”“16+1合作”在黑山的迅速发展，中黑人员往来日益密切，近年移居黑山或短期在黑工作、生活的华侨华人数量迅速增长并远超早期移居的华侨华人数量，且呈现出从事职业多样、分布地点广泛、国内籍贯各异的特征。涉及中方人员数量较多的主要有中国路桥工程有限责任公司黑山分公司承建的黑山南北高速公路斯莫科瓦茨至马特舍沃优先段项目。当前，共有约1600名中方人员参加项目建设，随施工进度分布在黑山由南至北各地。项目人员来源广泛，以湖北籍、四川籍、河南籍为主。此外，在黑山也有各类中资企业、机构，如黑山中国中医院、黑山大学孔子学院、中兴公司等，人员主要分布在黑山首都。这一部分人员在100人以内，尚未呈现明显的籍贯来源特征。

目前，黑山华侨华人社团较为单一，仅有成立于2003年的黑山华商协会以及成立于2004年的黑山中国和平统一促进会，协会成员主要来自浙江、福建，两个协会成员多有重合。黑山尚无中文报纸、杂志，尚无能与国内义务教育接轨的中文学校。

2. 华侨华人在黑山的发展

由于华侨华人来黑至今仅有20多年历史，人数有限，且大批量中方人员来黑也只是近三年内之事，黑山华侨华人总体发展情况仍处在起步阶段。

在生活方面，黑山各类物资虽高度依赖进口，但品类丰富程度尚可。对华侨华人而言，缺少其适应的文化娱乐生活，以及缺少传统中国食品、蔬菜、生活用品是其在生活方面所面临的一些困难。近年来，随着黑山华侨华人数量逐渐增多，从事行业逐渐多元化，不同华侨华人机构间也加强了走动与交流，互相帮助，取长补短。此外，由于黑山尚无中文学校，且中黑教学习惯、内容差距较大，绝大部分华侨华人选择将子女送回国内接受教育，且因工作原因一部分华侨华人长期夫妻两地分居，客观上为华侨华人家庭团聚与和谐带来一定的影响。

在工作方面，由于近 10 年来黑山先后受从南联盟独立、政府过渡、经济危机等影响，社会及经济形势受到一定冲击，为早期来黑山的、从事小商品批发的华侨华人带来过一段困难期。随着近年来黑山经济形势逐渐回暖，以及为满足加入欧盟条件而进行的多项社会改革改善了社会总体境况，华侨华人的生意也呈现好转趋势，但与此同时也开始面临同行业内来自当地人的竞争。对近年来入驻黑山的中资机构而言，随着中国文化在黑山的认知度逐渐提高，黑山中国中医院、黑山大学孔子学院等机构发展态势良好。黑山政府高度重视基础设施建设，为中企承建的南北高速等项目提供支持，有关中方公司工作总体顺利。然而，由于中黑在法律、标准及观念方面常存在一些差异，因此不论是对传统商贸领域的华侨华人，还是对中医或基建领域的华侨华人，偶尔会产生一定的工作障碍。

在融入当地社会方面，由于中黑地缘相距遥远，文化、语言、生活习惯等大相径庭，黑山华侨华人总体呈抱团发展态势，社交圈较窄，与当地人沟通多停留在工作层面，极少有中黑跨国婚姻。同时，各行业华侨华人普遍对融入当地社会较为重视，如孔子学院等机构会时常举办开放日等活动，增进和当地人的相互了解。

3. 黑山华侨华人与国内的联系

黑山华侨华人和国内联系总体较为频繁。得益于网络通信技术的发展，华侨华人和国内联系愈加便利，通过微信和国内亲属通信、视频对话已是家常便饭，很大程度上缓解了相思亲友之苦。大部分华侨华人基本每年都可回国探亲，一部分有条件的家乡亲友也会来黑探望。在业务往来方面，从事小商品批发的华侨华人定期从国内进货，从事基础设施建设的中方人员也时常回国轮换，总体上与国内往来甚为密切。通过同国内联系与亲身走访，黑山华侨华人对国内发展总体认知程度较高，时常对国内日新月异的发展产生感叹，并将所见所闻在黑传播。黑山入籍条件烦琐，绝大部分黑山华侨华人均为中国籍，对“中国身份”认同程度高。

4. 在黑华侨华人与“一带一路”建设

黑山是“一带一路”倡议的积极参与者，随着对

“一带一路”倡议的认识逐渐提高，将与中国发展关系视为其外交事务的重点之一。近年来，“一带一路”多个项目在黑山先后落地生根，发展态势良好，对周边国家乃至整个中东欧都起到了示范作用。主要项目如下。

一是黑山南北高速公路。黑山地形复杂，山地占国土面积的绝大部分，修路难度极大。自古以来，交通是制约黑山发展的重要因素。由于道路不畅等原因，长久以来黑山南北经济发展状况差异显著，来自北部塞尔维亚的货物难以和黑山南部港口城市高效对接，且南北人员流动形式较为单一。黑山政府多年来有意修建南北高速公路，打通南北新通道。经过各方努力，中国交通建设股份有限公司中国路桥工程有限责任公司签下黑山南北高速公路斯莫科瓦茨至马特塞沃优先段项目合同，并于2015年5月正式开工。该优先段全长41千米，合同额达8.09亿欧元，桥隧比为60%，建设工期4年，是南北高速全程5个施工段中技术难度最大的一段。黑山南北高速公路全线贯通后，南北间行车条件将发生历史性改变，黑山南北及同周边国家互联互通程度将会进一步得到提升，全国乃至西巴尔干地区旅游资源将得到进一步整合。南北高速公路也可将黑山纳入欧洲高速公路网沿线国家，拉动黑山和周边国家经济发展及人员流通，意义极为重大。高速公路优先段绝大部分项目人员来自中国，是“一带一路”建设的直接参与者。目前，高速公路优先段的建设已对黑山社会多个层面产生正面影响，主要包括刺激黑山年度 GDP 及进口增长，拉动当地就业，带动公路配套产业及分包商发展，提高当地人学习中文的热情等，中国文化和“一带一路”倡议内容也在黑山得以更广泛传播。

二是黑山中国中医院。黑山中国中医院于 2014 年 1 月成立，是西巴尔干地区第一家中医院。成立 4 年多来，在各方的不懈努力下，从对黑山而言似乎有些“虚幻缥缈、遥不可及”的中国医术，成为拥有固定患者、受众愈发广泛的金字招牌，黑山中国中医院也在西巴尔干地区小有名气，甚至有患者从周边国家慕名前来就诊。中医院致力于参加“一带一路”建设，积极推广中医文化，中医也成为中黑在“一带一路”框架内合作的一大亮点。2015 年，黑山议会正式通过法律，赋予中医疗法在黑山医疗体系中的合法地位。2016 年，在拉脱维亚首都里加举行的第五次中国—中东欧国家领导人会晤上，中黑两国签署了《中国四川省中医药管理局与黑山尼克希奇市政府关于中草药种植及加工的合作备忘录》，中草药有望在黑山进行种植，这为中医理念、中国文化进一步深入黑山乃至中东欧打下了基础。2017 年，“中国—黑山中医药中心”在黑山中国中医院正式揭牌。中央电视台、《光明日报》等国内媒体也曾对黑山中国中医院进行过专题报道。

三是黑山大学孔子学院。黑山大学孔子学院成立于2015年1月，由长沙理工大学和黑山大学合作创办，是黑山第一所孔子学院，更是“一带一路”框架内中国文化在黑山的优秀传播者。许多黑山人对中国文化、语言、餐饮兴趣甚高，孔子学院也由此具备了较好的学员基础，学员当前覆盖老、中、青、幼四代。当地政府及有关学校对孔子学院的汉语教学、文化活动等较为重视，目前黑山的主要大城市均已设立了孔子学院教学点。黑山大学孔子学院和当地许多学校保持着良好的合作关系，并在当地几所大学开办了学分制课程。除汉语教学外，黑山大学孔子学院还主动和“一带一路”倡议及“16+1合作”对接，开展多种文化活动，包括各类汉语夏令营、汉语比赛、孔子学院开放日、中秋文化活动等，也曾联合土耳其文化中心和阿塞拜疆经济文化中心举办丝绸之路文化展览，在当地收到较好反响。

除此之外，越来越多的中资企业、机构也对与黑山在“一带一路”倡议框架内开展合作产生强烈意愿，黑山政府、学界及民众对“一带一路”倡议的认知度也在不断提升，并愈加认识到“一带一路”倡议下中黑合作对于黑山经济社会发展的重要意义。当前在黑的各个“一带一路”合作项目均发展良好，一些精品项目在西巴尔干地区也起到了正面带头作用，赢得广泛关注，从而为更多“一带一路”务实合作项目在黑山落地打下坚实基础。

5. **华侨华人在黑山发展较好的案例研究**

黑山中国中医院作为黑山目前唯一一家以中医治疗为主的医疗机构，在黑山中医行业中处于绝对领导地位。院长张亚丽来自河北保定，自2013年起开始筹备组建中医院，经过4年多的发展，中医院已在黑山站稳脚跟。中医院医疗队伍的组建得到了成都中医药大学附属医院暨四川省中医院的大力支持，来自四川省中医院的专家常年坐诊黑山中国中医院。黑山中国中医院广泛邀请黑山各界人士到访，积极参与当地各类文化活动，讲好“一带一路”故事，大力推广中医传统文化，并定期举行义诊活动，使更多病患体验到中医的神奇魅力，因此积累了良好口碑。同时，中医院也根据黑山自然气候特征推出重点诊疗项目，为其在黑山可持续发展打下基础。

中医作为中黑双方在“一带一路”及“16+1合作”框架内的重要组成部分，仍存在较大进步空间。《中国—中东欧国家合作布达佩斯纲要》中指出，将继续支持在中东欧国家进一步开展中医药研究与合作，支持黑山等国既有的中医中心发展。在“一带一路”建设的大背景下，黑山中国中医院处在较好的历史发展机遇期。特别是在当前“一带一路”倡议在西巴尔干地区仍以基础设施建设为主的情况下，中国和中东欧国家在中医方面的合作犹如一股清流，在实际效用和文化软实力两方面均有强大正面影响，不失为“一带一路”建设在中东欧地区发展的模范。

（五）捷克华侨华人情况调研

1. 捷克华侨华人概况

根据捷克统计局数据，截至2016年年底，持有超过12个月以上居留证的来自中国内地的旅捷侨胞共5787人，其中女性2768人。另有来自中国台湾地区的244人，来自中国香港地区的11人。

表3　　**捷克华侨华人概况（截至2016年年底）**

	人数（个）	女性（人）	男性（人）
中国内地	5787	2768	3019
中国台湾地区	244	152	92
中国香港地区	11	8	3
总数	6042	2928	3114

根据捷克学者的研究，20 世纪初，在捷克定居的华侨华人来自于江苏东南部，他们通过横跨西伯利亚来到捷克，或者由上海通过海路抵达马赛等地，辗转至捷克。当时的华侨华人大部分为年轻人，在捷克波希米亚地区，与当地人通婚成立家庭并定居捷克。当时华侨华人主要经营石材生意。他们的子女主要学习捷克语或德语，在第一代华侨去世后，其子女一般能完全融入捷克社会。

20 世纪 40 年代，有一些华侨华人通过其他国家辗转来到捷克，主要从事经商或者杂技表演。第二次世界大战爆发后，华侨华人的财产被没收，大部分家庭离开捷克前往西欧。1949 年新中国成立后，当年 10 月 6 日，中国与捷克斯洛伐克建交，双方官方代表及学生交流较多，民间交流较少。1989 年捷克天鹅绒革命前，捷克只有极少数的中国人，其中大部分是女性，多选择与捷克公民结婚并加入捷克国籍。

20 世纪 90 年代初，第一批来到捷克斯洛伐克的中国人，除了传统的贸易从业者、手工业者，还有很多是政府工作人员和国有企业职工。他们放弃“铁饭碗”来到捷克斯洛伐克，通过经商致富。在此期间，抵达捷克的华人，主要依靠和捷克人合伙开办公司获取长期居留许可；随后，通过本人长期居留许可邀请家庭成员，以家庭团聚的名义申请长期居留；除此之外，还邀请亲朋好友以商业合作伙伴的形式前往捷克，以此创建了有效的移民链条。

表4　　1988—2001 年捷克华侨华人数量

年份	捷克华侨华人数量（人）
1988	39
1989	54
1990	94
1991	261
1992	1388
1993	2567
1994	2907
1995	4210
1996	4744
1997	4501
1998	4191
1999	4328
2000	3551
2001	3309

20 世纪 90 年代中期，捷克成为中国移民前往西欧的中转站。

大部分捷克华侨华人定居于布拉格。1993 年，只有 7% 的华侨华人定居于布拉格以外，到 2000 年，这一数字增长 41%。与其他移民相比，华侨华人的城镇化水平保持在较高水平。在 20 世纪 90 年代后期，捷克华侨华人大概有 9000 人，这其中也包括非法移民。随着捷克签证政策的变化，捷克华人数量不断变化。来自中国大陆地区的华侨华人，以浙江青田和温州为代表的浙江籍占60%—70%，其他多来自福建、北京等地。

目前，捷克侨团近40个，其中，影响较大的有捷克和平统一促进会、旅捷青田同乡会、旅捷华侨华人联谊会、捷克中资企业协会等，还有一些行业性质协会，如导游协会、餐饮协会、文体协会等。

1998年，旅捷华人唐云凌女士成立“旅捷华人联谊会”，该协会向所有的华裔开放，呼吁同胞们关注中国文化认同、加强联系团结，主要保护旅捷华侨华人的合法权利，支持中国企业家，为同胞提供理论和实践帮助。自1999年2月起，该协会一直组织法律顾问出版十四天刊“捷华通讯”，不仅提供捷克的最新信息，也提供最新的法律、海关条例变化等，是旅捷华侨华人了解当地的重要信息途径，也是华侨华人分享信息的重要平台。

目前，捷克中国和平统一促进会（简称统促会）是捷克华侨华人组织中最具影响力的社团，现任会长为旅欧华侨倪健。统促会成员为捷克主要华人社团的负责人。统促会在维护祖国统一、反对国家分裂和团结旅捷侨界等方面发挥了积极作用，统促会认清形势，坚定立场，高举“爱国、爱侨、爱乡和维护祖国统一”的旗帜，团结和带领全体旅捷华侨华人，不断为祖国经济建设、社会发展和促进中捷友好事业做出新的贡献。

捷克华商联合会是由旅捷华商发起、经捷克内务部批准成立的华商社团，其成员主要为近20年来移民捷克的中国各省市在捷经商的人员。会员从事行业遍及贸易（鞋类、服装类、纺织品类、卫浴类、食品类、小商品类）、生产、房地产、酒吧、旅馆和餐饮等。主要为整合捷克华商资源，提升华商整体水平、推动其事业发展并扩大其影响力，同时促进中捷经济贸易关系的发展和企业间的交流。

旅捷华侨华人妇女联合会成立于2004年7月28日，是成立较早的旅捷华人侨团。该会成立的宗旨是：通过搭建一个广泛联络的沟通平台，团结、联合广大生活和工作在捷克的华侨华人妇女，教育引导姐妹们热爱祖国，热爱居住国，不断提高政治觉悟和综合素质。鼓励发扬自尊自爱、自强自立的精神，爱国爱乡爱侨胞，勤奋敬业，相夫教子，为建立海内外华人和谐社会，融入当地主流社会做出贡献。了解和倾听妇女姐妹们的呼声，帮助大家排忧解难，维护妇女和儿童的合法权益。

捷克中资企业协会成立于2013年，成员为中国在捷克重要投资项目的负责人。致力于推动在捷中资企业会员之间的相互联系和交流，增进会员之间的相互了解和信任，加强会员和当地团体的沟通和交流，指导新入企业合法经营并履行社会责任；扩大中资企业影响力，维护和争取中资企业在捷克的合法利益。

除上述组织外，比较有影响的还有青田同乡会、福建商会、捷克中国学生学者联谊会、中东欧经济联合商会等。

在捷华文媒体主要有捷华通讯社、布拉格时报社和中欧新闻社。

捷华通讯社的“捷华通讯”是由“旅捷华人联谊会”自1999年2月开始组织法律顾问组织发刊，每两周一期。该刊物不仅提供捷克时间的最新信息，还提供最新的法律、海关条例变化等，是捷克华侨华人了解当地的重要信息途径，是华侨华人分享信息的重要平台。

《布拉格时报》创刊于2010年12月，每两周一期，由捷克中国和平统一促进会、捷克青田同乡会、捷克华商联合会、捷克温州商会、捷克华侨华人餐饮协会、捷克华侨华人妇女联合会、捷克华侨华人妇女协会、捷克华侨华人青年联合总会、捷克中国学生学者联谊会联合主办，是主要面向旅居捷克及捷克周边国家的华侨华人及国内主要大城市涉侨机构和团体的中文综合类报纸。

中欧新闻社成立于2007年1月。中欧新闻社有限公司在捷克注册，社址在首都布拉格。中欧社采编人员为捷克记者协会 SNC 的正式成员。中欧社报道中国与欧洲的新闻，而欧洲新闻方面又侧重于中欧地区新闻。目前中欧社尚无纸媒，除通过中欧新闻网 ce-news. eu. 发布新闻之外，还向北京中国新闻网供稿，成立至今已有上千篇图文稿件通过中新网在国内广为传播，许多稿件为新浪、腾讯、网易、搜狐、雅虎等各大门户网站及新华网、人民网、央视网转载。

2. 华侨华人在捷克的发展

华侨华人在捷克的发展情况，主要涉及华侨华人的生活、工作、融入当地社会三方面情况。对这三个方面的情况梳理，主要通过对华侨华人婚姻、家庭、职业、社交圈等情况的数据统计和分析得出。与此同时，也要了解华侨华人在生活、工作以及融入当地社会面临的一些困难。

目前，根据捷克外事警察局数据，截至 2016 年年底，约 69. 9% 华侨华人居住在布拉格，约 10. 7% 的华人居住在中捷克州，其他捷克九个州也均有分布。

华侨华人掌握语言情况逐步改善。根据 2000 年前后的调研，当时 14 岁及以下在捷克的中国儿童，有一半不会讲捷克语，40% 会讲英语。这与当时华侨华人刚进入捷克，儿童尚未接受捷克教育有关。目前，在捷 14 岁及以下的中国儿童，大多在捷克受当地教育，能够熟练使用正宗的捷克语交流；另有少部分儿童，由于家长公派或工作轮换原因，接受英语或其他语种教育。成人中，有部分人在捷克接受初中、高中甚至大学教育，捷克语达到母语水平；成人中，绝大多数人参加培训班或者日常学习，能够使用捷克语以满足日常使用及沟通。

根据统计，在20世纪90年代，在捷克华侨华人中，以男性居多，男女比例最高达到3.3∶1，随着时间的发展，男女比例不断降低，在2002年降低至1.5∶1。

表5　　1988—2002年捷克华侨华人性别比例

年份	捷克华侨华人数量（人）	男女比例（%）
1988	39	
1989	54	
1990	94	
1991	261	
1992	1388	2.8
1993	2567	3.3
1994	2907	2.8
1995	4210	2.6
1996	4744	2.4
1997	4501	2.1
1998	4191	1.9
1999	4328	1.9
2000	3551	1.8
2001	3309	1.6
2002	3299	1.5

2016年，华侨华人中女性占比达到48.5%，男女

比例接近1∶1。

表6　　2000年捷克华侨华人原籍分布

省（市）	百分比（%）
浙江	19.30
北京	16.60
上海	12.40
天津	5.50
河北	4.80
福建	4.80
江苏	4.10
其他	22.50

华侨华人在捷克的历史并不长，首批华侨华人很多由于生意或生活原因离开捷克赴其他国家发展或回国；浙江青田和温州为代表的浙江籍人数逐渐增多，占60%—70%；其他来自福建（约10%）、北京等地。

表7　　2000年捷克华侨华人原职业分布

原职业	百分比（%）
国家公务员	26.00
企业职工	14.00
学生	13.00
商人	9.70
老师	7.60
其他	30.00

1980 年中国掀起出国潮，在 1990 年以后来到捷克的华侨华人中，大多数是国内城市居民。首批华侨华人中，大多数想借捷克为跳板前往西欧或者其他国家，但在捷克发现商机后，逐渐留下了。

20 世纪 90 年代至 2000 年前后，华侨华人主要从事贸易、餐饮等行业。2000 年以后，随着中东欧度过物资紧缺年代，竞争加剧，贸易行业快速萎缩，除部分大宗、专项商品的进口分销商转型升级外，大量华侨华人从事的传统摆摊分销业快速降温。更多的华侨华人开始从事餐饮行业。与此同时，近些年捷克旅游行业逐步升温发展，尤其随着中捷关系好转，布拉格至北京、上海、西安等城市的航班开通，越来越多的华侨华人投入旅游行业。同时，政府间的合作交流，带动民间文化产业交流的兴起。国内市场对欧洲产品的爆发性需求，也带动了相关代购、物流产业的发展。

表 8　　华侨华人年龄分布比例

0—14 岁	15—35 岁	36—45 岁	46—65 岁	65 岁以上
17. 30%	36. 80%	34. 50%	10. 90%	0. 50%

表 9　　在捷克外国人年龄分布比例

0—14 岁	15—64 岁	65 岁以上
10. 40%	84. 50%	5. 10%

从在捷华侨华人与在捷外国人的平均统计数据分析，可以看出：0—14 岁人群中，华侨华人占 17.30%，高于在捷外国人的平均值 10.40%。15—65 岁人群中，华侨华人占 82.20%，略低于在捷外国人的平均值 84.50%。65 岁以上人群中，华侨华人占 0.50%，远低于在捷外国人的平均值 5.10%。

造成以上现象的原因是多方面的。华侨华人在捷克的发展始于 20 世纪 90 年代，首批来捷克发展的华侨华人，均已在国内生活多年，生活习惯、语言等不能完全融入本地；同时，华侨华人从事的贸易、餐厅、旅游等行业，对人的精力要求较高，因此，捷克华侨华人中 65 岁以上老人占比较低。

捷克华侨华人的历史较短，按时间段来划分，主要分为 2000 年以前及 2000 年以后。20 世纪 90 年代至 2000 年前后首批来捷克发展的华侨华人，假设平均年龄按 35 岁、生育年龄按 25 岁计算，其子女通过家庭团聚在捷克获得居留、受教育权，多已成家立业，近些年迎来生育高峰。同时，由于捷克没有计划生育政策的管控，前些年定居捷克的新华侨华人比国内先迎来二胎生育潮。

3. 捷克华侨华人与国内的联系

华侨华人与国内的联系，可分为与家乡亲友的联系和业务上的往来，以及回国探亲及业务往来中通过旅游对国内的了解，以及华侨华人对“中国”的身份认同程度。

捷克华侨华人在捷历史较短，成年人基本都在国内受过教育或生活过，和国内联系紧密，对“中国身份”的认同程度非常高。儿童在接受当地教育的同时，普遍接受中文教育。

目前，捷克首都布拉格开通了飞往北京、上海和西安的直飞航班，每周十余班次。华侨华人回国频率较高，在受访人群中，超过90%的人可以每两年回国一次，超过70%的人每年回国一次及以上。

捷克与国内政府层面交流较多，民间交流也非常频繁。同时通过微信等便捷方式，在捷华侨华人对国内发展非常熟悉和了解。

4. 发展案例

捷克华侨华人的餐饮业并非传统的低端夫妻店，而是一开始就走高档精致路线，独具特色。华商开设的高端餐厅集中于布拉格繁华商业区，强调装潢考究、风格典雅、菜品精致，主打中国风并配合本地口味的菜色，顾客群体也是以本地人为主。高端餐饮业为捷克华人社会积累了大量财富，也打破了舆论对中餐馆不卫生、廉价劣质的刻板印象。更重要的是，高端餐饮业使华侨华人有更多机会与捷克的社会精英和中产阶级相互交流、了解，方便华侨华人更快融入主流社会。现今捷克全国约有 400 家华商开设的高级餐厅，其中 300 多家是由浙江青田籍人士经营，另有数百家快餐店分布各地。这些餐厅还于 2007 年联合组织了捷克华侨华人餐饮协会，以弘扬中华美食文化、传播中国正面形象为己任。

经过 20 多年的摸索和积累，捷克涌现出了一批名牌餐厅和成功侨领。浙江青田籍郑朝伟是最早一批来捷克创业的移民，也是捷克中餐业的开拓者。拥有大学学历的郑朝伟于 1988 年就来捷克寻找机会，在东欧剧变中敏锐发现商机，率先在布拉格创办了当时档次最高、规模最大的饭店，为同乡打下基础。青田同乡会成立时，郑朝伟因为卓越的贡献被高票推选为第一任会长。青田同乡会第二任会长孙悦新旗下拥有“东方明珠”和“东方美食”两家餐饮连锁集团，在布拉格市中心拥有多家分店，在捷克华侨餐饮业中占有举足轻重的地位。而捷克华侨华人青年联合总会会长周灵健创办的“东海饭店”是布拉格最受欢迎的高档餐厅之一，捷克总统等社会名流经常光顾。

捷克华商联合会会长汪万明，于 2004 年成立了 Besteco 建材卫浴公司。这是华商在捷克开设的第一家专业经营建材卫浴的公司，主要从事批发销售陶瓷和玻璃洗手盆、实木浴室柜、时尚按摩浴缸、高档蒸汽房、普通淋浴房、坐便器、独特设计的浴室镜、各种款式水龙头、五金挂件，以及各类瓷砖等。Besteco 的卫浴产品已经打入了欧洲的建材超市集团，并且和众多的捷克建筑公司以及卫浴零售商店建立了合作销售关系，赢得了捷克消费者的喜爱。

捷克华侨华人妇女联合会会长陈金妹，为浙江省青田温溪镇人。1992 年冬，陈金妹跟随出国大潮自青田起程，在德国落地。一天中，她上午在麦当劳打工，下午在菲律宾服装店当店员，晚上在土耳其餐厅做跑堂，以苦力换生存。1995 年，丈夫抵达捷克，准备自捷克转签德国，因为被处于经济转型期的捷克市场所打动，选择留下来。就这样，陈金妹也从德国转到了捷克。

这年深冬，夫妇俩在零下十几摄氏度的气温中露天摆摊，以艰辛赢取第一笔创业资本。1997 年，他们利用老家温溪的皮革制造业，开始了国际贸易之路。紧抓机遇，在捷克延长产业链，布置捷克境内批发站、批发点，在中国则注册品牌，设计产品，严控质量。数年后，他们的皮革品牌已成为捷克人民最喜欢的中国品牌。在“欧债危机”席卷全欧之际，她以诚信赢得客户、以质量换市场，事业稳健。

陈金妹是一位有担当、有热情、有原则的人，在华侨华人社会中，赢得了广泛的肯定与尊重，并成为捷克中国和平统一促进会、捷克华商联合会的主要骨干。同时，她还是捷克华侨华人妇女联合会的创始人之一，2011 年出任会长后，无论是接待众多的中国各级政府考察团，还是配合中国驻捷克大使馆工作，她皆精心安排，尽心尽责。

更为难得的是，历年圣诞节前后，她都率所在侨团的姐妹们到当地养老院送温暖，为老人们送去日常用品，带去中华歌舞，让中华文化在养老院传播，获得了老人们的阵阵掌声，这已成为捷克华侨华人妇女联合会的品牌工作。她不仅走到瘫卧在床的每一位老人面前，为他们带去来自中国的问候和一首首温暖的歌儿，还于 2015 年 7 月带领捷克华侨华人妇女联合会成员专程赴捷克乡下一所儿童残障康复中心，对一名残疾儿童 Lukas 及家人进行慰问并送去爱心款让其购买残疾车，实现残疾小孩走出家门去看看外面精彩世界的美好愿望。陈金妹所做的这些公益活动都充分体现了中华女性善良慈爱的美德和优良传统，为提升社会正能量、促进中捷两国人民友好合作起到了积极的作用。

捷克华商联合会名誉会长陈乃科，现任浙江国和控股集团有限公司董事长，浙江省侨联副主席，捷克青田同乡会名誉会长，浙江省侨商会副会长，第十三届全国人民代表大会代表。

20 世纪 90 年代初，陈乃科远涉重洋来到捷克。在经过摸索之后，陈乃科发现，袜子市场大有可为。随后，他在东欧10多个国家同时注册了“NAKE”和“纳可”的中英文商标，成为东欧第一个以品牌闯市场的中国人，在捷克形成了批发、零售“一条龙”式的流水线服务，深受国外客户的欢迎，取得了良好的市场效应。随后，他从营销策划、价格策略、销售方式、产品配套等方面进行了综合分析，构建销售体系，每年都有大量的集装箱从国内发至东欧各国，并逐渐走向西欧。

凭借“NAKE”袜业的巨大成功和宝贵经验，陈乃科又一鼓作气推出了OLLike、Jook、Modenweek等驰名欧洲的服饰品牌。他在捷克经营兴华国际进出口有限公司，在欧洲多个国家建立起强大的销售网络；同时于1997年在国内成立了外商独资自营出口企业，作为国内的研发和成本控制中心，及时掌握原材料价格信息，严格控制成本，并对瑞安、诸暨袜子生产加工合作企业进行生产安排、跟单验货等。这种国内研发并外包加工、国外销售的“陈乃科式的虚拟管理模式”至今仍备受同行的推崇。

为真正实现报国梦，陈乃科又毅然把事业重心转向了国内——回国兴业，造福一方。2002年浙江丽水市委市政府提出“华侨要素回流工程”，重点发展华侨经济，陈乃科积极响应祖国的召唤，毫不犹豫地选择回国投资。

2003 年 4 月，他参股原杭州佳宏物流有限公司，成立浙江佳宏物流有限公司；2003 年 5 月，成立浙江广和投资有限公司，专业从事实业投资开发、基础设施建设投资、高科技产业投资、投资管理及咨询业务；2003 年 8 月，成立浙江广和投资有限公司的子公司——浙江沃尔得商业经营发展有限公司，主营进出口贸易；2003 年 8 月，成立浙江沃尔得商业经营发展有限公司的子公司——浙江丽水金龙沃尔得购物广场有限公司，主要销售各种品牌电器；2003 年 10 月，成立浙江广和投资有限公司的子公司——浙江云和广和房地产开发有限公司；2003 年 12 月，作为外资股东与浙江正达集团合资成立中外合资生产企业——浙江正达模具有限公司；2004 年 6 月，作为外资股东之一与其他几位华侨共同成立中外合资浙江丽水华侨饭店有限公司，开发建设五星级酒店——丽水华侨大饭店；2005 年 7 月，成立江苏兴都房地产开发有限公司，成立北京家特隆超市有限公司，成立浙江天地能源投资有限公司；2006 年 12 月，成立浙江国和创业投资有限公司，专注于投资早期的高科技企业和成长型企业；2007 年 1 月，组建国和控股集团，下辖独资、合资、控股及参股公司近 20 家。

2002 年起，陈乃科担任浙江省人大代表，并当选

"浙江十大杰出青年"。2018 年 1 月 30 日，在浙江省第十三届人民代表大会第一次会议上，陈乃科当选浙江省出席第十三届全国人民代表大会的代表。

（六）罗马尼亚华侨华人情况调研

1. 罗马尼亚华侨华人身份类型

罗马尼亚华侨华人大致可分为以下 5 种类型。

（1）通过联姻形成的旅罗华侨华人

中国人通过结婚定居在罗马尼亚，成为罗马尼亚第一批华侨华人，属于老华侨的范围。罗马尼亚和中国有着传统的友谊，特别是在罗马尼亚社会主义制度时期，双方的技术和经济交往非常密切。在 20 世纪六七十年代，罗马尼亚的生活水平以及工业水平均要高于中国，罗马尼亚曾在火电站、水泥厂、计算机等项目上帮助过中国的建设、研究和开发。由于工作上的接触，一些中国人与罗马尼亚人进行了联姻，留在了罗马尼亚。

（2）通过国际贸易而留在罗马尼亚的华商

中国人在罗马尼亚从事国际贸易，特别是小商品批发和零售，形成了典型的华人群体，也是华人人数聚集最多的类型。20 世纪 90 年代，很多中国人到俄罗斯、匈牙利从事贸易，也就是当时所称的"国际倒爷"。1988 年 10 月，作为罗马尼亚的近邻，匈牙利与中国签订了中匈互免签证协议，自此以后中国涌起了一股奔向匈牙利的出国热潮。这批人当中或因语言不过关乘错火车，或在火车过境中被罗马尼亚巨大的市场所吸引，总之，这批带着“倒爷”心态的华人阴差阳错地成为“旅罗华人”[①]。此外，罗马尼亚“革命”之后，社会制度的变更、私有化的推进以及“休克疗法”的实行，一度造成了社会物资极度匮乏。恰恰相反，中国的生产飞速发展，物资相对丰富。在这种情况下，一批从事国际贸易的人员或者厂家员工甚至是个人，将中国的各种货物出口到罗马尼亚，而罗马尼亚就地消化能力很强，因此，罗马尼亚一度被中国人视为“淘金天堂”，加之罗马尼亚风景秀丽，人们的性情温和，外语普及率高，劳动力成本低，生活成本低，一些中国商人就直接留在罗马尼亚当地，或者自己独立操作国际贸易，成立公司作为进口商，或者作为国内厂家罗马尼亚的代表。

另外，随着中国华侨华人人数的增多，从事贸易的华侨华人将其亲戚朋友介绍到罗马尼亚扩大经营规模或从事其他领域的商业活动。例如，开中餐馆、种植中国蔬菜等，渐渐地形成了中国产品批发市场，成规模后形成了相当于中国城的“红龙”市场。目前，这些留在罗马尼亚的华侨华人占到了绝大多数，他们

① 李明欢：《罗马尼亚中国新移民研究：新华商与新市场》，《华侨华人历史研究》2013 年第 4 期。

不分昼夜辛勤劳动，在罗马尼亚积累了一定的财富。

然而，由于国际上一些反华势力的喧嚣以及从事国际贸易的部分华侨华人没有遵守罗马尼亚的税收法律规定，出现了偷税、漏税以及恶意避税等情况，旅罗中国华商曾一度遭受罗马尼亚税务部门的大面积稽查和移民局的严格审核，致使一批华侨华人返回中国或移居到其他国家。

（3）投资形成的旅罗华侨华人

随着罗马尼亚吸引外资的力度加大，出台了很多投资的优惠政策，特别是中国“走出去”的对外投资鼓励政策以及“一带一路”设想的提出，很多中国公司和个人在罗马尼亚的投资力度加大，很多中国人或被派遣到罗马尼亚常驻或在罗马尼亚开发、运营项目，他们有的定居在了罗马尼亚，从事着能源、房地产等项目的开发、运作、建设、运营等工作。

（4）第二代旅罗华侨华人

第二代旅罗华侨华人是已经在罗马尼亚定居的华侨华人的子女，他们在罗马尼亚受初级教育至高等教育，之后去罗马尼亚之外的欧洲其他国家继续求学、求职、创业，他们持有罗马尼亚的长期居留卡或护照。旅罗二代华侨华人熟练掌握罗马尼亚语，有的甚至是作为母语。另外，还掌握至少两门外语，本地的融合程度是在罗所有华侨华人中最强的，也是华侨华人中普遍受教育程度较高的群体。

（5）交换留学生

罗马尼亚与中国的关系一直很好，双方在文化教育交流方面互派留学生，一些留学生学习过后，就留在当地继续生活，形成了第五类型的华侨华人。另外，罗马尼亚大学以及高等教育如研究生准入比较宽松，留学教育费用相对其他国家较为低廉，因此，也吸引了国内的高中毕业生或大学毕业生来罗马尼亚进行继续教育。他们当中的一部分人也留在罗马尼亚创业，形成了留学生华人群体。

2. 旅罗华侨华人与当地的融合情况

随着时间的流逝、历史的变迁，华侨华人的勤奋使目前旅罗华侨华人的生活普遍高于罗马尼亚一般百姓的生活。从 2018 年 1 月 1 日开始，罗马尼亚最低工资标准涨到了每月 1900 列依，约为 400 欧元，但是旅罗华侨华人的生活远远高于该工资标准。

目前，罗马尼亚有合法居留权的中国侨民超过 7600 人，主要集中在罗马尼亚首都布加勒斯特，[①] 又以欧罗巴、尼罗、红龙、唐人街和中国城等华商市场为聚集地，华侨华人在克卢日、锡比乌等城市亦有少量分布。

---

① 中国商务部：《对外投资合作国别（地区）指南　罗马尼亚》（2017 年版），第 4 页。

这些华侨华人主要来自浙江、福建，其中又以青田县居多，其他籍贯多为河南、山东、吉林和江苏。

罗马尼亚华侨华人主要集中在小商品进口贸易、零售批发行业，近年来制造业范围有所扩大，涉及自行车厂、制衣厂、制鞋厂、建材厂等领域，此外还衍生出为华商群体服务的中餐业和蔬菜种植业。

目前在罗马尼亚的中资企业主要有：国家开发银行驻罗马尼亚工作组、华为罗马尼亚公司、中兴通讯罗马尼亚公司、中烟国际欧洲公司、中远海运罗马尼亚公司、力奇公司、信诺科技公司、苏利国际贸易公司、运城制版罗马尼亚公司、中烟国际欧洲公司、DHS 东辉自行车公司[①]、河南科隆电气罗马尼亚公司、科瑞石油罗马尼亚公司等。

当地华侨华人以各地同乡会为联系桥梁，其中青田同乡会、南通商会、福建同乡会、江苏华侨华人联合会、瑞安同乡会、河南工商会、旅罗华人商贸总会、罗马尼亚华人联合会、华侨华人青年联合会、旅罗文化交流会和妇女联合会、罗马尼亚广理佛堂、罗马尼亚布加勒斯特华人基督教会等规模较大，这些联合会多以沟通在罗华侨华人、促进商贸信息沟通、提高社员经济效益为主要目的。相关数据显示，在罗马尼亚

① 中国商务部：《对外投资合作国别（地区）指南　罗马尼亚》（2017 年版），第 109 页。

成立的相关同乡会总数近20个[①]，这些同乡会、商会及其负责人在当地华人圈具有一定的影响力。

除了各种同乡会，为了促进罗马尼亚同中国之间的商贸合作，在旅罗华侨华人的努力下，成立了很多罗马尼亚中国商会性质的组织，像罗中商会、罗中之家、罗马尼亚华商联合总会等，为中国和罗马尼亚经济交流起到了积极和重要的作用。

除此之外，当地华侨华人还通过创办中文报纸、杂志等途径报导国内外新闻，主要有《欧洲侨报》《欧洲华报》《欧洲商报》和《旅罗华人报》。《旅罗华人报》创刊于1999年，是罗马尼亚影响力最大、历史最悠久的一家华文媒体。每周五出报，主要报导当地新闻、焦点新闻、国内社会新闻、国际新闻等。除在罗马尼亚全国范围内发行以外，还发刊至周边国家如摩尔多瓦、保加利亚、匈牙利、塞尔维亚等，覆盖范围较广。《旅罗华人报》还以提供更多的有价值、可读性强的新闻为目标在“旅罗华人”的官方公众号上专设了华人头条，致力于凝聚当地华侨华人的正能量，宣传中国文化，讲好中国故事，在促进中罗友好以及中国“一带一路”倡议的落实中发挥积极作用。[②]

① 本数据是结合罗马尼亚相关商会成立的新闻推算得出。

② 内容整理自《旅罗华人报》官方微信公众号。

3. 在罗华侨华人与国内的联系

（1）罗马尼亚华侨华人归国访问、合作交流

罗马尼亚华侨华人利用国内鼓励投资的政策以及在罗马尼亚的关系，在各类商会的平台上关心家乡的建设，寻求商业合作。

新任罗马尼亚华商联合总会会长陈三荣先生访问鞍山期间，与有关领导会见并就鞍山市的自然资源、旅游资源等进行了交流。旅罗华商联合总会执行会长、罗马尼亚中国城集团总裁张清及罗马尼亚台州商会副会长、莱玛卡尔进出口有限公司总经理徐海翔到安徽省蚌埠市考察，寻求人防建设工程等方面的进一步合作。罗马尼亚瑞安同乡会代表团成员积极响应家乡瑞安政府“侨商侨贸回归”的号召，与瑞安市相关部门领导探讨建设江南侨贸电商特色小镇的设想。

（2）罗马尼亚华侨华人的身份认同

自20世纪80年代大批中国商人踏上罗马尼亚的土地至今，已有两代以上的华侨华人在此生活，“第二代旅罗华人”中有些仍然拥有中国国籍，有些则拥有罗马尼亚国籍，与当地人一同长大，流畅使用两国语言，但是这些华侨华人始终不曾遗忘自己的身份认同。

这份认同还通过大大小小的中国传统节日得以体现、传承。另外，罗马尼亚的孔子学院以及孔子课堂，

也与当地华侨华人一起传播中国的传统文化，在罗马尼亚掀起了“中国热”。

4. 罗马尼亚华侨华人与“一带一路”建设

（1）华侨华人在“一带一路”倡议落地罗马尼亚中的作用

从地理位置来讲，罗马尼亚是通往西欧国家的门户，也被称为中国通往欧盟国家的桥头堡。罗马尼亚也是中东欧“一带一路”“16+1合作”倡议中的重点国家，2013年11月中东欧首脑会晤就是在罗马尼亚布加勒斯特召开的。2015年2月，中国时任驻罗马尼亚大使徐飞洪在当地主流媒体发表文章《弘扬丝路精神，续写合作新篇》中指出罗马尼亚是亚欧丝路门户，是中欧互联互通不可或缺的环节，而罗马尼亚政府的经济发展思路与中国的“一带一路”倡议高度契合。①

罗马尼亚华侨华人在“一带一路”倡议下，积极响应政策和号召，特别是在当地华人圈具有一定影响力的各大商会，在两国多种合作领域发挥着重要的搭线作用。

罗马尼亚—中国工商会是以协助国内省份的企业

① 张行、董婧涓：《罗马尼亚华侨华人与“一带一路”建设》，《环球视野》（http://www.globalview.cn/html/global/info_6305.html，2018年7月5日）。

出访罗马尼亚等中东欧国家为目的而建立的商会。目前该商会在“丝绸之路中欧健康产业合作论坛”上参与承办了世界针灸学会联合会“一带一路”中国中医药针灸风采行活动，该活动由世界针灸学会联合会、中国中药协会和中国医药保健品进出口商会主办活动组织召开，由中罗两国医药部门一同支持。同时，罗马尼亚—中国工商会还计划以购买当地医院为基础，建立中国—罗马尼亚中医药海外健康中心，促使更多的海外国家了解中国的中医药，推动中国中医药走出国门。

高校合作方面，罗马尼亚陕西商会在陕西中医药大学—罗马尼亚锡比乌大学的文化、科研、中医药教育多领域合作中扮演了重要的引荐角色。这两所高校的合作体现了政府搭桥、商会助力、校校合作的圆满结果，是践行中医药“一带一路”倡议的又一实践，突出了罗马尼亚陕西商会在两国教育、文化领域合作中的作用。

另外，在“一带一路”倡议的实施过程中，罗马尼亚的一些大型基础设施项目也逐渐出现了中国公司的影子，目前，中广核正在就罗马尼亚 2 台 720 兆瓦的核电站建设项目进行谈判，中水国际（中电建）中标了罗马尼亚布加勒斯特环城公路。对“一带一路”倡导的其他领域和项目，罗马尼亚华侨华人也一直在关注，并积极参与或利用商会等平台，以及当地的良好关系，介绍相关的中国企业参与。

(2) 罗马尼亚华侨华人传播中国文化

罗马尼亚华侨华人在当地通过多种途径发扬中国文化，遍地开花的孔子学院、一年一度的华人中文歌曲比赛都展现出中国文化的魅力。

罗马尼亚现有 4 家孔子学院、8 家孔子课堂及 100 多个汉语教学点。罗马尼亚首家孔子学院是由罗马尼亚布加勒斯特大学与中国政法大学共同组建的布加勒斯特大学孔子学院，时任罗马尼亚总理维克托·蓬塔和中国驻罗大使霍玉珍共同为其揭牌。揭牌庆典期间，孔子学院中方、罗方院长还精心筹办了中国文化展，包括中国书法、中国画、中国风光摄影作品、中国乐器、中国印、中国瓷器、风筝、剪纸、皮影等传统中国文化。揭牌期间，两校还共同参加了“中罗论坛”和“中国电影展”。布加勒斯特大学孔子学院成立之后多次受邀各类文化活动，曾参与纪念罗马尼亚著名诗人 Mihai Eminescu（米哈伊·爱明内斯库）诞辰 168 周年的活动，学院老师以中文朗读诗人的诗歌，颇受在场嘉宾好评。布加勒斯特孔子学院还通过“中国之夜”等活动传播中国茶艺、二胡、京剧脸谱等中国元素，推动中罗两国文学互译和交流。

总之，虽然罗马尼亚是非移民国家，华侨华人的数量与其他欧洲国家相比较少，但是他们勤劳、智慧，心系祖国，关注中国的发展和政策变化，并积极融入当地社会，对中国文化的传播以及“一带一路”倡议的推进和落实起到了重要的作用。

目前，在罗马尼亚注册的中资（华人）企业有数千家，主要从事进出口、批发生意和一些能源、地产项目的投资，他们为中罗经贸往来做出了巨大贡献。他们以祖（籍）国为后盾，时刻关心着祖（籍）国的发展。他们也期待着借中国“一带一路”的建设机遇，使中罗有着更多的经济合作项目，更期待着通过“两会”的召开，让“一带一路”倡议更加具体、完善，在“一带一路”的建设中，加强落实中国与罗马尼亚经济领域的合作，并抓住时机，使自己的创业之路越走越宽。

十　做好中东欧国家华侨华人工作的启示与建议

（一）启示

随着“一带一路”建设和“16 +1 合作”在中东欧国家的不断推进，“中东欧”成为我国扩大对欧开放的新热点地区。与此同时，该地区的华侨华人资源优势也充分释放，迸发出推动中国—中东欧合作的澎湃动力。在如何挖掘华侨华人的人力、智力、财力等资源要素方面，从中央到地方，从国内相关政府部门到中东欧各国的侨团侨社，都在积极探索方式方法的改进以及模式的创新。通过对近年来在加强对中东欧华侨华人工作方面的总结，可以得出以下几点启示。

1. 深入研读国家侨务政策，准确定位华侨华人是推进侨务工作的基本要领

国家侨务政策是指导华侨华人工作的总的指导性纲

领，为侨团侨社指明了方向。只有把握好侨务政策，才能更好地服务好华侨华人，才能平衡好住在国与祖国之间的利益。因此，自改革开放以来，国家一直对侨务政策非常重视，推进侨务政策与时俱进。在此基础上，准确定位华侨华人这一统一战线群体，是开展对外开放、增进中外交流、促进民心相通的必要前提。2017 年 2 月，习近平总书记对侨务工作做出重要指示。他强调，实现中华民族伟大复兴，需要海内外中华儿女共同努力。把广大海外侨胞和归侨侨眷紧密团结起来，发挥他们在中华民族伟大复兴中的积极作用，是党和国家的一项重要工作。李克强总理在 2015 年首届“世界华侨华人工商大会”发言中对华侨华人提出三个希望：一是当好促进中国经济转型发展的“生力军”；二是架起中外经济合作共赢的“彩虹桥”，为推进“一带一路”建设等发挥积极作用；三是打造华商在世界上的“新形象”，发扬中华民族传统美德，与住在国人民和睦相容，诚信守法经营，承担社会责任。可以说，上述内容是做好包括中东欧在内的全球华侨华人工作的指导性原则。

2. 建立服务侨胞工作的国家级平台，不断总结国际性经验是推进华侨华人工作的机制保障

实践证明，在国家层面做好服务侨胞工作的顶层设计，搭建好高级别的平台，能够广泛调动侨胞资源，聚合各种优势要素，打通“最后一公里”。这方面，宁波近年来对中东欧的华侨华人工作走在了全国的前列。宁波利用中东欧侨胞“点多面广”的优势，在“16+1合作”推出后不久，抢抓机遇，争取到国家相关部委的支持。2015年6月8日至12日，首届中东欧博览会在中国宁波顺利举行，这是中国与中东欧国家首个以投资贸易为主题的综合性博览会。至今，该博览会已成功举办过三届，第四届正在积极有序筹办中。在依托中国—中东欧博览会平台的基础上，宁波市政府开展了形式多样的国际性交流活动。近几年，宁波市先后主办或承办的国际性交流大会包括：中国—中东欧国家投资合作洽谈会、中东欧国家特色产品展、中国—中东欧国家贸易（跨境电商）对接会、中国—中东欧国家城市市长论坛、中国—中东欧国家质检合作对话会、中东欧国家华侨华人宁波峰会、中国宁波—中东欧国家教育合作交流会、中东欧国家旅游交流周活动、中国—中东欧青年研修交流营活动、中国—中东欧高层次人才智力合作论坛、“舌尖上的中东欧”活动等。尤其是2017年6月7日“2017年中东欧国家华侨华人宁波峰会”的顺利举办，获得了良好的国内外反响。“2018年中东欧国家华侨华人宁波峰会”的各项准备工作正在有条不紊地推进。这些峰会和活动紧紧围绕“一带一路”倡议，依托中国—中东欧博览会这一主场平台，助力侨胞创新创业发展，促进中东欧国家与中国的经贸、人文等诸领域交流，积累了丰富的国际性经验。

3. 重视华侨华人作用、创新工作模式是推进创新侨务工作的基本前提和重要途径

中东欧的华侨华人是我国在欧洲地区的一笔宝贵财富，对于应对该地区不可测事件和国内需求具有重要的政治价值和社会价值。对华侨华人的价值推广，应该在国内、各地方和侨乡全面展开，营造出重视华侨华人、爱护华侨华人的氛围。在此方面，宁波市为我们提供了很好的学习样板。在推进侨胞工作上，宁波市突破了单纯由政府主导的局限，构建出政府机构、学术智库以及商界资源于一体的“政—商—学”协同推进的立体化模式。在政府层面，宁波市在商务部、浙江省政府的支持下，尤其是在丽水、青田、温州、义乌等侨乡地市的配合下，形成了多级政府相互合作的良好局面。在商界层面，浙江省充分挖掘商业协会组织的作用，积极与国内外的侨胞商会进行洽谈对接，激活了商会组织灵活多变的特性。在学术层面，既面向国家级高端智库如中国社会科学院“16 +1 智库交流与合作网络”，又面向当地如浙江万里学院、浙江金融职业学院等高等院校，通过项目委托形式进行合作，充分发挥了国家级和地方层级学术界的学术优势和智力支持。同时，宁波市有意

将这三个圈层进行“交互式”资源聚集，通过邀请各方参加各种论坛、活动，进行富有建设性的思想碰撞、观点交流，真正为推进中国—中东欧合作事业献计献策。当然，宁波市在推进侨胞工作时并不囿于国内，而是将视野拓宽到国际，尤其是中东欧片区，形成了国内国外同步、同时推进的立体模式。

4. 充分利用地方比较优势，精准对接地方经济和“侨胞经济”，是侨务工作能够做出亮点和特色的重要抓手

各个地方的经济结构都有自己的亮点和特色，考虑到中东欧各国市场容量、潜力及价值开发存在差异性，因此，要发现各地的经济发展优势与“侨胞经济”的高度互补性特点。比如，近年来，浙江省的经济发展很大程度上得益于民营经济的发展，从某种程度上说，民营经济就是浙江经济的品牌。习近平同志曾指出：“民营经济是浙江活力所在，是浙江的品牌，是改革开放的先行者，是市场经济发展的佼佼者。”由此可见民营经济在浙江的定位和重要性。中东欧侨胞基本上都属于个体家族式经营，是宁波民营经济在海外的重要分支。宁波市经济和海外“侨胞经济”二者形成了国内外市场的良性互动和高度互补，且市场资源配置发挥到极致。所以能否利用好这一优势，政府的引导作用非常关键。同时，地方合作为华侨华人提供了广阔的舞台，从某种程度上可以说，地方合作已成为下一步中国—中东欧合作的重要抓手。对于中东欧国家而言，与中国的经济总量相比，不可同日而语。除了继续促进“16 +1 合作”在各个领域的深度合作，深耕“地方合作”更具现实性。在此方面，宁波已走在全国地方的前列。宁波多年来积极与中东欧国家的多个城市进行产品对接、人员互访与文化交流，在侨胞侨乡比较多的城市，建立起多个友好城市，搭建起中国—中东欧合作的微观市场。

（二）对策建议

1. 组织开展好专门针对中东欧新侨区政策的研究

要下大气力，组织学界、智库专门开展中东欧新侨区政策研究。与传统的西欧侨区相比，中东欧属于“新侨区”。这也意味着不仅仅是简单地对中东欧侨区进行情况摸底和汇总，而是由表及里，有针对性地开展研究，比如关于中东欧侨务资源有效利用问题，关于构建中东欧地区“大侨务”观的方式方法以及如何实现中东欧国家之间侨胞的良性互动以及探讨中东欧侨胞与国内侨眷之间的联动问题等。因此，未来的中东欧侨情侨况年度发展报告不但有必要继续更新，而且要增加新的内容，体现出中东欧侨区的特色，进而为做好中东欧华侨华人工作打下基础。

2. 做好（中东欧）华侨华人工作的顶层设计与统一规划和部署，整合和利用好中央及地方各级涉侨单位与相关智库专家队伍的资源

涉侨工作须服从中央的统一领导，中央及地方各级涉侨单位在统一目标的指导下，既可形成合力，又有明确具体分工，根据华侨华人所在国的具体情况，开展有针对性的工作。在中央顶层设计和相关机构的统一管理下，可按照区划，设立包括中东欧地区在内的涉侨工作组、分委会或机制化的联席会议，其下设经贸、文化、青年等具体事务小组。具体到中东欧国家华侨华人工作，既要有统一的规划和协调，又要根据国情差异和华侨华人面临的具体问题，制定有针对性的具体政策和解决方案。在充分调动各级各地侨务部门工作积极性的同时，也要避免出现重叠性甚至含有竞争性的项目和工作，以免既浪费了大量资源又使华侨华人对相关事宜无所适从。

3. 对中东欧国家华侨华人的资源整合进行合理引导

中东欧地区国家众多，国情各异。新老侨民在中

东欧国家分布不均，社团组织也参差不齐，存在社团组织山头林立以及侨民生意上的商业竞争等问题。根据海外华侨华人以往聚集的特点，多是以原籍老乡聚居，联系比较紧密的社团多是一些同乡会。毋庸讳言，这是一种次地区和亚地域身份的认同。应积极引导华侨华人进行资源整合，打破原有局限，避免不必要的恶性竞争，在积极融入当地社会的同时，能够在所在国形成华侨华人的集体身份认同，为维护群体性利益而团结在一起。华侨华人组织的社团以及华文媒体的运营多数缺乏专业人才，也亟须进行资源整合，建议通过引导、协助或培训等多种形式给予帮助，这既有利于凝聚海外华侨华人的力量，也有利于提升中国的软实力。

4. 积极联络中东欧各国华侨华人，及时回应他们的关切

在新形势下，要积极联络中东欧各国华侨华人，做到不分国家地区大小，360°无死角争取侨心，把侨胞的主动性、积极性充分调动起来、发挥出来，在中东欧培育和发展一支友好力量。为防止“剃头挑子一头热”的现象发生，国内相关涉侨部门也要“走出去”，调研侨胞“短期之所急，长期之所需”，及时回应侨胞关切，真正坚持为侨服务。不仅要为华侨华人在国内的生活、交流和发展提供好的服务，还要为华侨华人更好地在住在国开拓事业提供好的服务，尤其是要以华人社团为纽带和平台，加强华侨华人的凝聚力。诚如习近平主席在全国侨务工作会议上所指示的，“希望侨务战线的同志们坚持胸怀全局、坚持为侨服务、坚持改革创新，以凝聚侨心侨力同圆共享中国梦为主题，当好海外侨胞和归侨侨眷的贴心人，成为侨务工作的实干家，最大限度把海外侨胞和归侨侨眷中蕴藏的巨大能量凝聚起来、发挥出来，为实现‘两个一百年’奋斗目标、实现中华民族伟大复兴的中国梦不断做出新的更大的贡献”。

5. 做好中东欧国家华侨华人创业示范、试点工作，达到以点带面，实现多方面联动发展

做好中东欧华侨华人工作，宜突出重点、培育特点、以点带面、统筹兼顾。抓住国家大力推进“16+1合作”和“一带一路”建设之机，帮助华侨华人产业的整合、升级与转型。一方面，避免华侨华人在商品批发、餐饮等传统产业内部的竞争；另一方面，为华侨华人向旅游、物流、电商、新产业发展等新领域的转型和发展做好服务。比如，从浙江义乌到西班牙马德里的“义新欧”中欧货运班列的开通，华侨华人发挥了重大作用，可以把“义新欧”作为一个重要的成功案例，打造成中东欧国家华侨华人创业和服务国家的示范和试点，激发中东欧国家华侨华人参与“一带一路”建设的积极性，以一国带动多国，以区域带动周边，实现国内与国外、个人与集体、政策与实践的联动发展。

6. 要结合本地区优势和政策优先重点，与中东欧国家华侨华人工作形成合力

做好中东欧华侨华人工作，还应抓住本地区政策优势和优先重点，利用好本地区政策工具，吸引华侨华人主动参与，使得华侨华人工作有策可依、有手可抓、有基可筑。比如，未来随着义甬舟开放大通道的打通，宁波自贸区和义乌国际贸易综合改革试验区实现政策叠加，加上宁波建设的中国—中东欧国家经贸合作示范区，这一系列举措将释放出更多政策红利，及时向中东欧国家华侨华人们做好宣传，为他们积极创造条件，参与宁波相关建设工程，是盘活侨务工作的重要抓手。

7. 乘中国—中东欧国家地方合作的东风，构建华侨华人与民营企业的交流合作平台

随着“16+1合作”与“一带一路”建设在中东欧的推进，中国的海外投资以及人员、企业的“走出去”给中东欧的华侨华人带来了巨大的机遇，华侨华人的发展与祖国发展之间的关系日益紧密。与此同时，华侨华人在促进中国与中东欧国家的民心相通，在中国企业和项目在中东欧的落地，在与当地政府和社会沟通乃至解决相关的矛盾冲突等方面，扮演了不可或缺的角色。“16 +1 合作”经过六年的发展，逐渐走向深入，地方合作以及多元市场主体参与合作，成为未来“16 +1 合作”的一个重要增长极。华侨华人在地方政府以及民营企业与中东国家对接、寻找合作点的过程中，恰好能发挥其熟悉地方事务、在相关领域和产业具有一定人脉的优势，再加上华侨华人自身拥有的智力、财力、物力资源，侨力成了推动中国—中东欧地方合作有效的推进剂和润滑剂。侨务部门可顺势而为，打造华侨华人回国投资兴业、造福乡梓和民营企业出国投资、参与“一带一路”建设的双向互动平台。

8. 支持海外华侨华人为所在国做出贡献并积极融入当地社会，建立海外对华舆情及反华排华的监测、预警及应对机制

目前极端民粹主义和难民问题困扰着中东欧在内的欧盟及其他国家，海外华侨华人最大的担心，就是所在国可能出现反华排华的行为，甚至是出现大规模的排华风潮。因此，应加大对包括中东欧地区在内的海外舆情社情的关注和研究，建立海外对华舆情及反华排华的监测、预警及应对机制，及时对海外华侨华人予以预警和援助。大力支持海外入籍华人为所在国做贡献并积极融入当地政治社会生活，创造和维系中国与华侨华人所在国家友好关系的良好氛围，避免与当地居民出现误解甚至产生紧张对立情绪。从长远来看，华侨华人在所在国能够扎根立足，是对祖籍国——中国最大的和最长远的支持。

参考文献

范可：《整合中的欧洲华人》，《读书》2010 年第 9 期。

李鸿阶、廖萌：《海外华侨华人参与“一带一路”建设研究》，《统一战线学研究》2018 年第 3 期。

李明欢：《罗马尼亚中国新移民研究：新华商与新市场》，《华侨华人历史研究》2013 年第 4 期。

李明欢：《欧洲华侨华人史》，中国华侨出版社 2002 年版。

沈立新：《欧洲华侨华人状况述略》，《华侨华人历史研究》1996 年第 1 期。

张祥熙：《“一带一路”视阈下的塞尔维亚华侨华人》，《八桂侨刊》2018 年第 1 期。

张行、董婧涓：《罗马尼亚华侨华人与“一带一路”建设》，《环球视野》（http：//www. globalview. cn/html/global/info_ 6305. html，2018 年 7 月 5 日）。

张颖：《“一带一路”战略背景下人文交流和华侨华人

经济发展》,《探求》2017 年第 4 期。

章志诚:《新世纪初欧洲华侨华人面临的新问题及其对策》,《八桂侨刊》2008 年第 1 期。

中国商务部:《对外投资合作国别(地区)指南 罗马尼亚》(2017 年版)。

庄国土:《华侨华人分布状况和发展趋势》,《侨务工作研究》2010 年第 4 期。

Amy H. Liu , "The Isolation of Chinese Migrants in Eastern Europe, Survey Data from Bulgaria, Croatia, and Hungary", *Journal of Chinese Overseas*, 2017, Vol. 13, Issue 1.

Kevin Latham, Bin Wu, "Chinese Immigration into the EU: New Trends, Dynamics and Implications", Europe China Research and Advice Network, 2013 (https://eeas.europa.eu/archives/docs/china/docs/division_ecran/ecran_chinese_immigration_into_the_eu_kevin_latham_and_bin_wu_en.pdf).

Paweł Kaczmarczyk, Monika Szulecka and Joanna Tyrowicz, "Chinese Investment Strategies and Migration-Does Diaspora Matter?", Poland-Case Study, MPC Research Report, 2013/10 (http://www.migrationpolicycentre.eu/docs/MPC-RR-2013-10.pdf).

Thierry Mariani, "Chinese Migration to Europe: Challenges

and Opportunities", Reference to Committee of Europe: Doc. 13197, Reference 3968 of 24 June 2013 (http://website-pace.net/documents/10643/1264407/Rapport-Mariani-Migrationschinoises-EN.pdf/eedbb5e1-4932-48ca-bf22-09637e85ff1f).

结语及鸣谢

本报告是国内第一本系统介绍中东欧华侨华人情况的专题性成果，也是第一本以中东欧华侨华人为主题的动态性跟踪与分析成果。报告对于加强对中东欧侨务情况的了解、推动侨务工作配合“16 +1 合作”和中国外交政策具有一定的资政建言意义，同时也有助于积极推广地方政府推进侨务工作的经验与成就，为未来几年中国和中东欧国家的地方合作夯实基础。

本报告能够出版是多方努力的结果。宁波市政府侨务办公室的大力支持是本报告得以顺利完成的重要支撑。宁波侨办顾正为主任对本报告一直非常关注，并积极加以推进。宁波侨办鲁爱丽副主任多次走访中国社会科学院欧洲所，就研究与撰写工作予以实际支持并提出诸多建设性意见。宁波侨办周敏华处长也付出了很多实际的努力，提出了很好的研究提纲与建议。宁波侨办领导高度重视此项研究，并将其列为宁波中国—中东欧国家华侨华人峰会的一个重要展示成果，这是推动本项研究能够持续推进的重要保障。

中国社会科学院欧洲研究所所长、“16 +1 智库交流与合作网络”秘书长黄平研究员也对本报告倾注了大量心血。黄平研究员是国内华侨华人研究的著名学者，他在笔者承接此项课题前后，介绍了很多资源，提供了很多有价值的观点，并将其出版的有关华侨华人研究的重量级成果介绍于笔者，对笔者的研究启发甚大。

做好华侨华人研究本身是一项挑战难度很大的工作，需要花费很长时间调研。笔者充分借助“16 +1 智库交流与合作网络”的丰富海外网络资源，以这些资源为抓手，搜集了很多调研素材，用于丰富和充实课题研究，最终得以产生这份探索性成果。在此，要特别感谢李迅、张伟、赵嘉政、初冬梅、孟维亮、王南楠等付出的辛苦努力和从事的严谨的调研活动。

在这里，还要特别感谢姬文刚、管世琳所做的文稿修改工作，他们的努力工作使得本报告更加完善。

让我们共同期待，这份调研课题能在以后的研究中更加丰富、深入，更多地服务于中国—中东欧国家合作，服务于地方发展。

刘作奎，中国社会科学院欧洲研究所研究员、博士后指导教师，中东欧研究室主任，“16+1智库交流与合作网络”秘书处办公室主任。兼任国务院发展研究中心、中国国际问题研究基金会、北京外国语大学区域与全球发展研究院、东中西部区域发展和改革研究院研究员，中国公共外交协会专家委员会指导委员。

主要研究领域：中东欧问题、“16+1合作”、中欧关系、“一带一路”。专著成果有：《欧洲与“一带一路”倡议：回应与风险》（被翻译成多国文字，列为多所欧洲大学教参），*Europe and The “Belt and Road” Initiative*（2016，2017），《国家构建的欧洲方式：欧盟对西巴尔干国家政策研究》，《英国对欧洲大陆外交政策的历史和政治学分析》等。发表学术论文50余篇。目前主持国家社科基金、外交部、国家发展和改革委员会、国家开发银行、宁波市政府等课题项目多项。

获奖情况：2015—2017年，主撰或参与撰写的成果连续三年获得中国社会科学院创新工程重大科研成果奖；2016—2017年，撰写的报告连续两年获得中国社会科学院优秀国家智库报告；2016—2018年，撰写的报告获得中国社会科学院优秀对策信息一等奖、三等奖多次。